MESSI
10
adidas
bwin.com

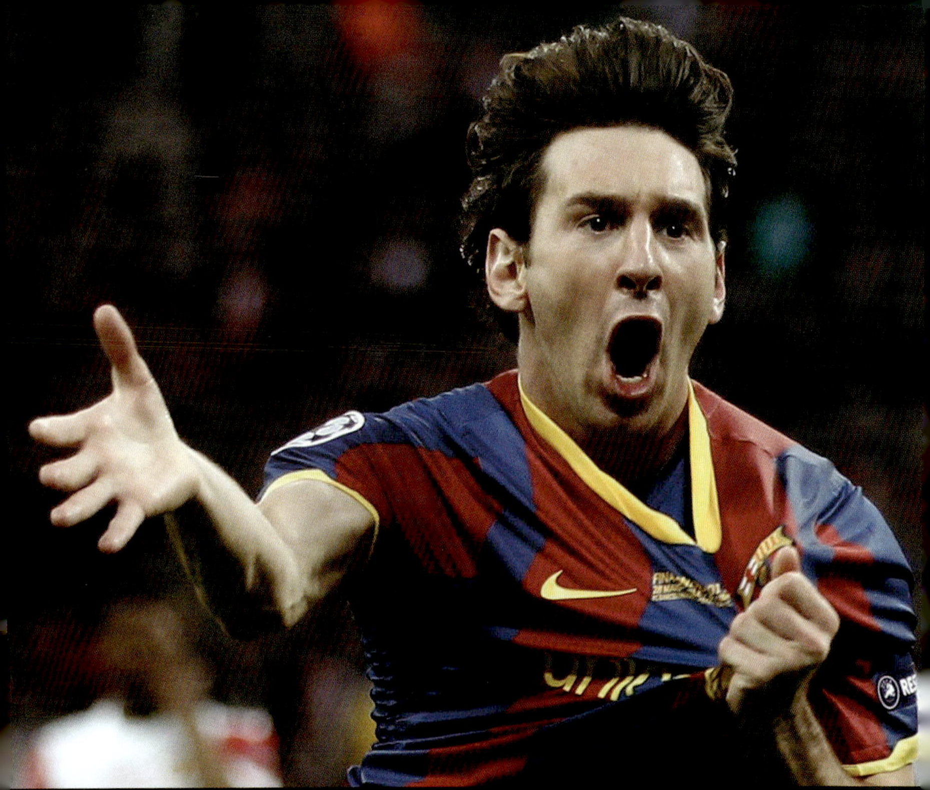

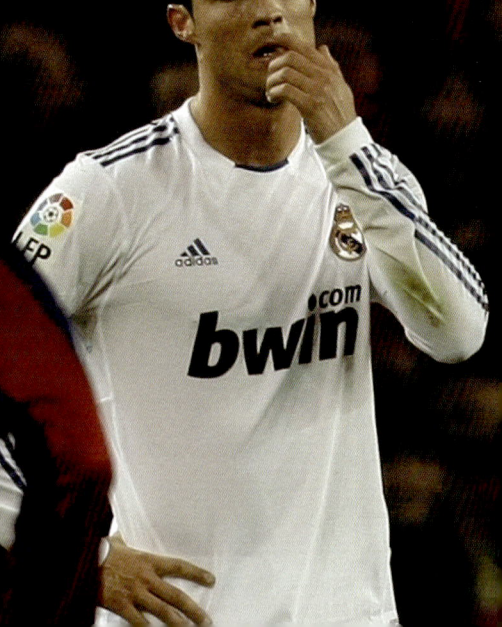

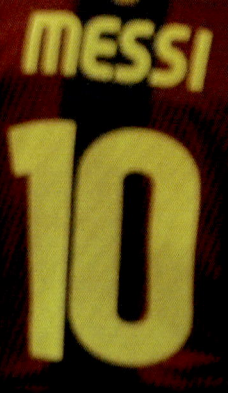

리오넬 메시
천재의 놀라운 이야기

The Flea-The Amazing Story of Leo Messi © 2013
All Rights Reserved to Sole Books, Beverly Hills CA, USA.
Korean translation copyright © 2016 by CYPRESS
Korean translation rights arranged with Sole Books
through EYA(Eric Yang Agency)

이 책의 한국어판 저작권은 EYA Eric Yang Agency를 통한
Sole Books 사와의 독점계약으로
싸이프레스가 소유합니다.
저작권법에 의하여 한국 내에서 보호를 받는 저작물이므로
무단전재 및 복제를 금합니다.

세계 최고가 될 수밖에 없었던 스타 플레이어의 비하인드 스토리

THE AMAZING STORY OF LEO MESSI

리오넬 메시
천재의 놀라운 이야기

마이클 파트 지음 | **정지현** 옮김

감사의 말

리오넬 메시는 축구 선수로서 영화에 나올 법한 흥미진진한 길을 걸어왔다. 이 책은 미국의 솔 북스 출판사Sole Books의 이츠하크Yitzhak와 요나단 긴스버그Yonatan Ginsberg 덕분에 탄생했다. 멋진 경기와 리오넬 메시 선수에 대한 그들의 열정은 필자에게도 그대로 전해졌다. 두 사람이 언제나 변함없이 무한한 응원을 보내준 덕분에 이 책이 나올 수 있었다.

또한 챔피언처럼 생각하는 법을 가르쳐준 그랜드 마스터 마크 콕스Mark Cox에게도 감사를 전한다.

CONTENTS

PROLOGUE		6
CHAPTER 1	생애 첫 축구공	10
CHAPTER 2	피베와 꿈	17
CHAPTER 3	지역 꼴찌 팀	22
CHAPTER 4	컨닝	32
CHAPTER 5	뉴웰스의 러브콜	38
CHAPTER 6	성장호르몬결핍증	50
CHAPTER 7	답을 찾다	59
CHAPTER 8	축구에 대한 뜨거운 열정	66
CHAPTER 9	굿바이, 외할머니	72
CHAPTER 10	치료비를 지원해줄 팀을 찾아서	78
CHAPTER 11	클럽 아틀레티코 리베르 플라테	83
CHAPTER 12	낯선 손님	92
CHAPTER 13	아르헨티나를 떠나다	99
CHAPTER 14	무지개의 끝에는	102
CHAPTER 15	기다림	107
CHAPTER 16	냅킨 계약서	116
CHAPTER 17	반가워, 삼총사	126
CHAPTER 18	사랑하는 내 고향, 로사리오	132
CHAPTER 19	꿈은 이루어진다	134
리오넬 메시 수상 경력		138
리오넬 메시 기록		140

PROLOGUE
2001년 3월 바르셀로나

"아르헨티나 부에노스아이레스로 가는 7767편 항공기가 곧 출발합니다."

바르셀로나 공항의 스피커에서 흘러나오는 커다란 안내방송에 13살의 리오넬 메시Lionel Messi는 깜짝 놀라며 엄마 셀리아Celia를 더욱 꽉 붙잡았다. 아버지 호르헤Jorge는 그 옆에 묵묵히 서 있었다. 레오Leo라는 애칭으로 불리는 리오넬 메시는 이제 아버지와 단둘이 바르셀로나에서 살아야 한다. 나머지 가족들인 엄마 셀리아, 형 로드리고Rodrigo와 마티아스Matias, 그리고 여동생 마리아 솔Maria Sol은 아르헨티나 로사리오의 고향집으로 돌아갈 준비를 하고 있었다.

레오는 전설적인 축구 클럽 FC 바르셀로나FC Barcelona의 유소년 아카데미에 들어가게 되었다. 팬들에 의해 애칭 '바르샤Barcha'로 불리는 바로 그 클럽이다. 그래서 오늘 이후로 메시 가족은 오랫동안 떨어져 지내게 되었다.

길게 줄지어선 탑승객들이 아르헨티나행 비행기에 오르기 시작했다. 셀리아는 남편에게 작별의 입맞춤을 하면서 눈물을 참으려고 애썼다. 과연 막내아들 레오를 곁에서 떼어놓고 마음 편히 지낼 수 있을까 걱정이 앞섰다. FC 바르셀로나가 레오를 특별한 선수로 평가한다는 사실이 그녀도 자랑스러웠다. 레오의 외할머니가 살아서 이 모습을 보셨다면 얼마나 좋아하셨을까. 레오가 여기까지 온 것은 모두 외할머니 덕분이었다. 외할머니는 레오의 재능을 가장 먼저 알아본 사람이었다.

메시 가족은 축구를 사랑했다. 셀리아는 마지막으로 남편의 손을 꽉 쥐면서 신혼여행 때 축구 경기를 관람했던 기억을 떠올렸다. 그녀는 레오 쪽으로 몸을 돌려 막내아들을 힘껏 껴안았다. 그리곤 더 이상 참지 못하며 눈물을 쏟고 말았다.

"울지 마세요, 엄마."

"미안하구나, 레오. 엄마가 바보처럼 울기나 하고."

"아니에요, 엄마. 저하고 아빠를 사랑하셔서 그런 거잖아요."
레오가 엄마를 위로했다.

메시 가족은 바르샤에서 연락이 오기만을 오랫동안 애타게 기다렸다. 셀리아는 다른 클럽들이 그랬던 것처럼 바르샤도 막판에 등을 돌릴까봐 걱정했다. 다행히 바르샤는 레오를 선택했고 이제 그녀는 로사리오의 집으로 돌아가게 되었다.

"엄마, 시즌 끝나고 집에 갈게요." 레오가 한 손으로 눈물을 훔치며 또 다시 엄마를 위로했다. "약속해요."

레오 가족은 레오의 성공만을 바라며 스페인 바르셀로나에서 몇 달을 보냈고 드디어 레오가 FC 바르셀로나 유소년 아카데미에 들어가게 되었다. 셀리아와 로드리고, 마티아스, 아직 어린 마리아 솔에게는 시원섭섭한 일이었다. 그들은 바르셀로나에 머무는 동안 조국 아르헨티나와 고향 로사리오가 그리웠다. 하지만 레오가 꿈을 이루고 프로 무대에 데뷔하려면 바르셀로나에 남아야 한다는 사실을 잘 알고 있었다. 가족 모두 진심으로 레오를 사랑했기에 오늘 이후로 레오가 무척 그리울 터였다. 레오는 이제 겨우 13살의 어린 소년이었다.

아버지와 레오는 아무 말 없이 호텔로 향했다. 바르샤의 운전기사 옥타비오Octavio는 지름길을 선택했다. 레오는 옥타비오와 함께 앞자리에 앉아 여행을 즐겼다. 호르헤는 아르헨티나식 스페인어로 제발 속도를 좀 늦추라고 말했다. 옥타비오는 그의 억양에 웃음을 터뜨렸다. 역시 아르헨티나 출신인 옥타비오는 아르헨티나식 스페인어와 바르셀로나에서 사용하는 카탈루냐어를 구분할 수 있었다.

"내가 웃긴 말이라도 했소?" 호르헤가 물었다.

"아르헨티나와 카탈루냐에서 사용하는 스페인어는 다르지요. 하지만 걱정 마세요, 메시 씨. 곧 배우실 겁니다."

바르셀로나는 로사리오와 비교도 안 될 정도로 거대하고 아름다웠다. 하늘까지 맞닿을 듯한 고층건물들도 가득했다. 레오는 차창 밖으로 지나가는 높은 건물들을 바라보았고 아버지는 그런 아들을 바라보았다. 마침내 아버지가 말했다.

"벌써부터 가족들이 보고 싶구나."

"저도요." 레오가 바깥 풍경에서 눈을 떼지 않은 채 말했다.

"정말 혼자 괜찮겠니? 바르셀로나에서 혼자 지낼 수 있겠어?"

"아빠, 저는 혼자가 아니에요. 아빠도 계시고 팀도 있는 걸요."

호르헤는 만족한 듯 미소를 지었다. 레오는 언제나 무슨 일이 닥쳐도 묵묵히 해나가는 성격이었다. 아버지는 한쪽 팔로 아들을 감쌌고 아들은 언제나 그렇듯 아버지에게 기대어 눈을 감았다. 잠에 빠지기 전, 레오는 고향 로사리오에서 바르셀로나로 오기까지의 일들을 떠올렸다.

CHAPTER 1

생애 첫 축구공

로사리오 집의 낡은 식탁에 둘러앉은 메시 가족은 들뜬 분위기 속에서 이야기를 나누었다. 엄마는 가장 아끼는 린넨 테이블보를 식탁에 깔아놓았다. 식탁 가운데에 놓인 직접 만든 생일 케이크에는 네 개의 초가 꽂혀 있었다. 오늘은 리오넬 메시의 네 번째 생일인데 주인공이 보이지 않았다. 모두가 생일 축하 노래를 부를 때 레오는 형 로드리고와 마티아스 뒤에 부끄러운 듯 숨어 있었다. 레오는 사람들의 관심이 쏠리는 것을 좋아하지 않았지만 빨리 앞으로 나아가지 않으면 케이크도, 선물도 없으리라는 사실을 알았다. 촛불을 끌 때가 되자 로드리고는 씩 웃으며 레오를 앞으로 밀쳤다.

"레오, 빨리 소원 빌어."

레오가 말을 하기 시작하자 마티아스가 입을 가렸다.

"소리 내어 말하면 소원이 안 이루어진단 말이야."

레오는 고개를 들어 형을 쳐다보더니 고개를 끄덕이고는 눈을 꼭 감고 입술을 꼼지락거리며 소원을 빌었다. 아버지 호르헤는 미소와 함께 아들을 바라보았다.

그 때 외할머니가 들어왔다. 레오가 소원을 다 빌고 눈을 뜨자 불이 켜졌고 외할머니가 보였다. 외할머니는 뒤에 생일 선물을 감추고 있었다. 외할머니가 먼저 한 손을 내밀었는데 아무 것도 없었다. 곧바로 다른 손을 내밀자 레오는 외할머니가 들고 있는 것을 보았다.

"이걸 가지고 싶다고 소원을 빌었니, 레오?"

"네!!!"

레오가 잔뜩 흥분해서 소리 쳤고 외할머니는 새 축구공을 건네주었다. 외할머니가 어떻게 알았는지 정말 완벽한 생일 선물이었다. 5사이즈의 파란색 판타곤. 레오가 파란색을 좋아한다는 것은 온 가족이 아는 사실이었다. 레오는 밖으로 나가 공을 차려고 옆구리에 끼고 곧바로 달려가려고 했다. 그런데 마티아스가 동생의 옷을 붙잡았다.

"레오, 공은 나중에 차도 되잖아. 케이크 먼저 먹자."

레오는 형을 바라보면서 마지못해 고개를 끄덕이자 모두가 웃음을 터뜨렸다. 그러자 레오도 결국 웃고 말았다. 기분이 좋았던 엄마는 케이크를 큼직한 네모 모양으로 잘라 첫 조각을 레오에게 주었다.

"오늘의 주인공은 레오니까 레오 먼저!"

레오는 허겁지겁 케이크를 먹기 시작했다. 레오가 특히 좋아하는 라즈베리와 바닐라가 들어간 달콤한 케이크였다.

잠시 후 로드리고와 마티아스는 사촌들과 밖으로 놀러 나갔지만 레오는 집에 남았다. 방으로 달려간 레오는 블라인드 아래로 형들과 사촌들이 밖에서 축구 경기를 하는 광경을 엿보았다. 로사리오에서 '거리'를 뜻하는 '포트레로potrero'는 덥고 먼지투성이었다. 레오는 형들과 사촌들의 모습을 유심히 살폈지만 나가서 함께 할 용기가 없었다. 그들보다 덩치가 훨씬 작아서 잘못했다가는 밟힐 것만 같았다.

"어서 나가렴, 레오."

문가에서 들려온 목소리였다. 침대에 누워있던 레오는 외할머니가 작은 방으로 들어오는 것을 보고 놀라서 벌떡 일어났다.

"포트레로로 나가서 형들이랑 같이 놀렴. 방안에만 있지 말고. 넌 햇빛을 좀 쐬어야 해. 그래야 키가 크지."

외할머니는 레오의 팔을 잡고 일으켜 세웠다.

"어서. 사촌들한테 쓴 맛을 보여주렴. 네가 저 아마추어들보다 낫다는 걸 보여주는 거야."

외할머니가 말했다.

"그럼 외할머니가 코치해주세요!"

레오가 말했다.

외할머니는 생일선물로 받은 축구공을 집어 드는 레오의 뺨에 웃으며 입맞춤을 했고 레오는 신이 나서 밖으로 달려갔다. 방에 홀로 남은 외할머니는 레오와 함께 벽에 붙여놓은 사진을 바라보았다. 아르헨티나의 축구 영웅이자 역대 최고의 축구 선수 중 한 명인 디에고 마라도나 Diego Maradona 의 사진이었다. 마라도나는 메시 집안은 물론이고 아르헨티나에서 왕과 같은 존재였다.

레오는 골목길에서 멀찍이 떨어진 집 한 모퉁이 벽에 바짝 기대 숨어서 형들과 사촌들이 자욱한 먼지 속에서 거리를 누비며 소리치고 공을 차는 모습을 쳐다보고 있었다.

'다들 키가 큰데 난 너무 작아.'

레오는 그들과 어울릴 자신이 없었다. 어느 누구도 레오를 찾지 않았다. 그렇게 숨어서 형들과 사촌들이 노는 모습을 바라보던 레오는 부엌 쪽으로 달려갔다.

레오는 이웃에 사는 소녀 신티아Cintia와 마주쳤다. 두 사람은 쌍둥이나 마찬가지였다. 같은 해, 같은 달, 같은 날에 태어났기 때문이다. 아기 때부터 가장 친한 친구였다.

"생일 축하해, 레오. 근데 왜 숨어있었어?"

신티아가 무덤덤하게 물었다.

"숨은 거 아니거든!"

레오가 재빨리 쏘아붙였다.

"그럼 여기서 뭐하는데? 축구 경기는 저쪽이잖아."

"무슨 경기?"

신티아의 눈이 레오가 들고 있는 새 축구공으로 향했다.

"너희 사촌들이 하는 경기 말이야. 그거 새 축구공 아냐?"

레오는 신티아가 자신의 마음을 읽고 있다고 생각했다. 당연히 레오는 숨어있던 것이 맞았다. 덩치 큰 아이들과 같이 축구를 하기가 두려웠기 때문이었다. 하지만 신티아에게 그 말은 차마

할 수가 없었다.

신티아가 레오에게서 공을 가져가 쳐다보았다.

"멋지네."

신티아는 밀치듯 공을 돌려주었다.

"그걸로 연습하던지."

신티아는 이렇게 말하고 뒤돌아 가버렸다. 레오는 잠깐 동안 신티아를 쳐다보다가 손에 쥔 공을 쳐다보았다.

엄마는 작은 부엌에서 저녁으로 생일을 맞은 레오가 가장 좋아하는 음식을 만들고 있었다. 이탈리아 계열인 레오의 외가 쪽, 즉 쿠치티니Cuccittini 집안에서 전해 내려오는 튀긴 소고기에 햄과 모짜렐라 치즈, 마리나라 소스를 올린 맛있는 요리였다. 소고기 덩어리와 계란으로 만든 면, 그레이비 소스가 담긴 무거운 팬을 가스레인지 위에 올려놓았을 때 쿵 소리가 들렸다. 그녀는 잠시 멈추었다. '무슨 소리지?' 쿵. 또 다시 들렸다. 쿵. 불을 약하게 줄이고 무슨 소리인지 보기 위해 창문 쪽으로 다가갔다.

쿵. 부엌 창문 바깥쪽에서 레오가 새 축구공을 담벼락으로 차고 있었다. 쿵. 왼발로, 쿵. 오른발로, 쿵. 공이 담벼락에 맞고 튀어오면 허벅지로 받아 곧장 아래로 떨어뜨리고는 또 다시 담벼락으로 찼다. 쿵.

그 소리에 외할머니도 부엌으로 왔다. 쿵. 외할머니는 궁금하다는 표정으로 딸을 쳐다보았고 레오의 엄마는 창문 쪽을 보라고 가리켰다.

쿵. 파란색 새 축구공이 벽에 맞고 튀어오자 레오는 가슴으로 받아 발에 떨어뜨린 후 오른발에서 왼발로 깔끔하게 옮기더니 뒤이어 쿵 소리가 들렸다.

외할머니는 딸을 쳐다보며 작게 말했다. "큰 애들이랑 같이 하기가 겁나나 보구나. 자기가 너무 작고 못한다고 생각해. 하지만 내 생각엔 너무 잘해서 게임이 안 될 것 같은데. 저 움직임을 좀 봐!"

레오의 엄마도 또 다시 쳐다보았다. 쿵.

"저 공이 마음에 드는가 보구나. 그럴 줄 알았지." 외할머니가 활짝 웃었다.

쿵.

피베와 꿈

그 날 밤, 레오는 새 축구공을 이불 안에 숨겼다. 잘 자라는 인사를 하러 들어온 아버지는 레오 옆자리가 불룩하게 튀어나온 것을 보았다.

"그 친구가 누구냐?" 아버지가 물었다.

레오는 깔깔거리며 이불을 들쳐 새 축구공을 보였다.

일 년 후 아버지가 방으로 들어왔을 때 레오는 아버지를 기다리고 있었다. 레오 옆에 놓인 파란색 공은 로사리오의 울퉁불퉁한 길에서 몇날 며칠이고 이리 차고 저리 차느라 온통 긁히고 낡아 있었다.

"침대로 가져올 거면 흙은 좀 닦고 와야지." 아버지가 짐짓 야

단치듯 말했다.

"깨끗해요, 아빠." 레오는 대충 둘러대면서 재빨리 흙을 털어냈다. 털어낸 흙이 바닥으로 떨어졌다.

아버지는 못 본 척하면서 침대 반대편에 앉았다.

"기도했니?"

"네, 아빠. 키가 크게 해달라고 기도했어요."

아버지는 잠시 동안 아들을 바라보았다. 아들이 작은 키에 대해 말할 때마다 가슴이 아팠다. 아버지는 아들의 키가 유난히 작은 이유를 찾고 해결해줘야 한다는 책임감을 느꼈다.

"나도 그렇게 기도했단다, 레오." 그 때 아버지는 뭔가가 떠올랐다.

"친구들이 '피베The Pibe'에 대해 말하는 걸 들어본 적 있니?"

"소년이요?"

"그래. 뜻은 그렇지. 하지만 피베의 전설에는 깊은 뜻이 있단다. 피베는 거리에서 축구를 배운 아르헨티나 출신의 소년이지. 거리에서는 드리블을 할 줄 알아야만 공을 차지할 수 있지."

"마라도나처럼요?" 레오가 물었다.

"그래, 마라도나처럼. 사실 마라도나가 이 시대의 피베란다."

"마라도나 이야기에요?" 레오가 아버지에게 물었다.

"아니란다, 아들아. 이건 네 이야기야." 아버지가 부드럽게 말했다.

레오는 기뻤다. 나중에 프로 축구 선수가 되어 마라도나 감독 밑에서 뛰는 게 꿈이기 때문이었다. 레오는 아버지를 보며 미소를 지은 후 눈을 감았다. 아버지가 해주는 이야기를 들으며 레오는 잠이 들었고 인생 최고의 꿈을 꾸었다.

레오는 그런 꿈을 꿔본 적이 한 번도 없었다. 꿈에서 레오는 5살이었다. 장소는 로사리오 이스라엘 거리 525번지, 그의 집이 있는 동네였다. 레오는 동네 아이들이 축구를 즐겨 하는 집 뒤쪽 공터에 공을 놓았다. 골키퍼는 검은색 유니폼을 입은 그의 영웅 마라도나였다. 마라도나는 막대기 두 개로 표시된 골대 가운데에 서 있었다. 마라도나를 보고 깜짝 놀란 레오가 움직임을 멈추자 마라도나가 소리쳤다.

"멈추지 마라, 레오! 기회를 잡아! 이건 너를 위한 게임이다, 피베!"

레오는 공을 왼발에서 놓지 않고 앞으로 몰고 갔다. 오른쪽으로 움직이는 척하다가 왼발로 슛을 날렸다. 공은 마라도나의 머리 위를 지나 크로스바 아래 네트로 날아갔다!

레오는 승리의 기쁨에 젖어 양손을 번쩍 들어 올리고 마라도나를 쳐다보았다. 마라도나가 공을 막지 못해 상심해 있을 거라고 생각했다. 그러나 그는 미소 짓고 있었다.

"아주 훌륭했다, 레오. 마법 같았어! 승리는 우리의 것!" 마라도나는 레오를 번쩍 들어 던졌다. 레오는 아래로 떨어지기는커녕 하늘 높이 날아올라 둥둥 떠다녔다. 저 아래로 마라도나의 모습이 점점 작아졌다. 마라도나가 마지막으로 레오를 향해 외쳤다. "넌 진정한 피베야!"

마라도나의 외침에 레오는 모든 두려움이 사라졌다. 레오는 저 아래에 있는 마라도나를 향해 외쳤다. "당신이 피베인 줄 알았는데요!"

"맞아, 레오! 다음은 너다!" 마라도나가 구름 사이로 외쳤다. "네가 다음 피베야, 레오!"

레오는 믿을 수 없었다! 구름 사이를 계속 떠다니면서 태양을 올려다보았다. 마치 욕조에서 헤엄치듯 구름 사이를 헤엄쳤고 눈부신 태양빛에 잠에서 깼다.

잠에서 깨어보니 침대에 거꾸로 누워있었다. 마치 구름이라도

되듯 이불 사이를 헤엄쳤고 너덜너덜한 파란색 축구공은 저 쪽 창문 아래에 떨어져 있었다. 어느새 아침이었다.

"끝내주네!" 레오가 소리치자, 엄마와 외할머니가 방으로 달려왔다.

"뭐가 끝내줘?" 외할머니가 물었다.

"제 꿈이요! 최고로 멋진 꿈이었어요!"

"그란돌리Grandoli에 가는 동안 말해주렴." 외할머니가 말했다.

"그란돌리!" 레오가 침대에서 벌떡 일어나 외할머니에게 이불을 던졌다. "꼭 그 경기를 보러 가야 돼요?"

외할머니는 머리에 덮인 이불을 걷어내고 머리를 매만졌다. "그란돌리에서도 그냥 보기만 할 거니?"

레오는 고개를 저었다. "아뇨! 전 축구가 하고 싶어요!" 레오의 눈이 기대감으로 반짝였다.

"그래야지!" 외할머니가 답했다.

"하지만 그란돌리에서 뛸 순 없어요." 레오가 고개를 저었다.

"할 수 있어, 레오." 외할머니가 말했다.

"그쪽에선 아직 모르고 있지만 그 팀은 너 같은 선수가 필요해. 로사리오 꼴찌 팀에 지원해볼 일이 또 어디 있겠니!"

CHAPTER 3

지역 꼴찌 팀

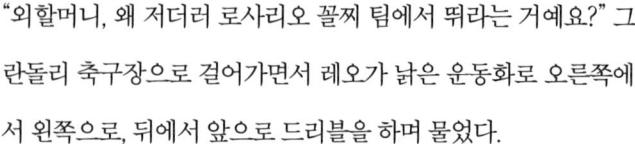

"외할머니, 왜 저더러 로사리오 꼴찌 팀에서 뛰라는 거예요?" 그란돌리 축구장으로 걸어가면서 레오가 낡은 운동화로 오른쪽에서 왼쪽으로, 뒤에서 앞으로 드리블을 하며 물었다.

그곳은 레오의 집에서 멀지 않았다. 로사리오의 평소 날씨가 그러하듯 그 날도 아침부터 무더웠다. 하지만 레오는 무언가 특별한 기운을 느꼈다.

"그란돌리가 로사리오 꼴찌 팀이라는 건 누구나 다 알지." 외할머니가 말했다.

"하지만 상관없어요. 전 그냥 축구가 하고 싶어요."

외할머니가 장난스럽게 웃으며 말했다. "못하는 팀이라서 너한테 더 잘 된 것일 수도 있지."

"정말요?" 레오는 이해되지 않았다.

"그래. 못하는 팀에는 잘하는 선수가 필요해. 안 그러니?"

"맞아요. 하지만 누구요?" 레오가 물었다.

외할머니는 미소를 지었다. "바로 너야, 레오. 그란돌리에는 네가 필요해. 네가 얼마나 잘하는지 그란돌리는 모르잖니. 그래서 오늘 보여줄 거야."

레오가 활짝 웃었다.

"내가 감독님이랑 이야기를 할 거야." 외할머니가 말했다.

"하지만 감독님이 받아주지 않으면 어떡해요?" 레오는 걱정에 목이 뻣뻣해지는 느낌이었다.

"나를 믿으렴. 받아줄 테니까."

두 사람은 파라나강 강둑을 따라 걸어갔다. 레오는 강물에 섞인 흙과 근처 항구에서 곡물을 실어 지나가는 배에서 풍겨오는 곡물 냄새까지 맡을 수 있었다. 그란돌리 FC의 홈구장이 머지않아 보일 터였다. 레오는 심장이 빠르게 뛰는 것을 느꼈다. 축구를 한다는 생각만으로 언제나 가슴이 뛰었다.

그란돌리 축구장은 울퉁불퉁했다.

두 팀이 먼지 속에서 이리 뛰고 저리 뛰고 공을 차면서 한창 연습 중이었다. 하지만 경기를 보기만 하는 것은 직접 뛰는 것만큼 만족스럽지 못했다. 레오는 양손으로 울타리를 꽉 잡고 구멍에 코를 집어넣은 채 공에서 시선을 떼지 못했다.

"여기 있어라, 레오. 감독님하고 얘기 좀 하고 오마." 외할머니가 말했다.

"네. 하지만 전 너무 작아서 같이 못 뛸 거예요." 레오의 시선은 여전히 경기장에 고정되어 있었다.

"다들 저보다 큰 걸요."

외할머니는 레오를 돌이켜 세우고 눈을 똑바로 보았다. "저기 몇 명이나 있지?"

레오가 아이들의 숫자를 세어보고 대답했다. "한 팀은 11명, 또 다른 팀은 10명이요."

"그래, 맞았다." 외할머니가 미소를 지었다. "한 팀에 선수 한 명이 모자라지. 성공하고 싶니, 레오?"

레오는 고개를 끄덕였다.

"포기하지 않아야만 성공할 수 있단다. 포기할 거니?"

레오는 고개를 저었다.

외할머니는 활짝 웃으며 손자의 머리를 헝클어뜨린 후 급하게 감독을 만나러 갔다. 레오는 사라져가는 외할머니를 보다가 곧바로 경기장에 다시 집중했다.

외할머니는 사이드라인에서 땀에 흠뻑 젖어 초조하게 왔다 갔다 하는 아파리시오Aparicio 감독을 발견했다. 그가 한쪽 끝까지 갔다가 돌아서자 바로 앞에 외할머니가 서 있었다. 그는 길을 피해주려고 했지만 외할머니가 떡하니 막았다.

"무슨 일이에요, 셀리아?" 감독이 한숨을 내쉬었다.

"아파리시오 감독, 안타깝게 선수 한 명이 모자라더군요. 안 그래도 좋지 않은 상황인데 설상가상이네." 외할머니가 말했다.

"선수 한 명이 부족한 건 어떻게 아세요?"

"우리 손자가 말해줬어요." 셀리아가 울타리 쪽을 가리켰다.

그녀가 가리키는 쪽을 따라 움직이던 감독의 눈썹이 올라갔다. "꼬맹이 레오밖에 안 보이는데요."

"그란돌리가 얼마나 못하는지 모르겠어요?" 외할머니가 야단치듯 물었다.

"진정하세요, 셀리아." 아파리시오 감독이 불만 섞인 말투로 중얼거렸다. "레오를 우리 팀에 넣으라는 말씀이세요?"

"안 될 거 없잖수?" 외할머니가 특유의 미소를 날렸다.

"레오는 너무 작아서 다른 선수들한테 깔릴 겁니다. 울고불고 다치고 멍들면 셀리아도 가만있지 않을 거고요." 감독이 외할머니를 똑바로 쳐다보았다.

하지만 외할머니는 감독보다 한 수 위였다. "우리 손주가 축구장에서 질질 짜면 내가 끌어내리다." 자신만만한 목소리였다.

"다른 선수들 틈에서 버티지 못할 텐데요." 아파리시오 감독이 울타리 반대편에서 능숙하게 드리블을 하고 있는 레오를 쳐다보면서 말했다.

"내가 거짓말 한 적 있어요, 아파리시오 감독?" 외할머니의 질문에 감독은 그녀의 눈을 쳐다보며 고개를 저었다.

"그럼 저 애한테 기회를 줘 봐요. 후회하지 않을 거야." 외할머니는 또 다시 자신 있게 말했다.

아파리시오 감독은 외할머니를 쳐다보면서 어깨를 축 늘어뜨렸다. "제가 포기할게요. 셀리아한테는 이길 수가 없단 말이야."

외할머니는 활짝 웃었다. "방금 이겼구먼."

아파리시오 감독은 별로 내키지 않았지만 필드 밖에 있는 레오에게 다가갔고 안전을 위해서 미드필더 포지션을 맡겼다.

"거칠게 하면 안 된다. 초보니까." 감독이 선수들에게 말했다.

주장이 앞으로 나왔다. 키가 레오보다 두 배는 컸다. "초보가 아니라 완전 아기인데요!"

"아기 아니다. 키가 좀 작은 것뿐이야." 감독이 말했다. 그리고 레오에게 들리지 않도록 소곤소곤 말했다. "자, 얼른 필드로 돌아가서 내가 주문한 대로 해라."

주장은 알았다는 듯이 고개를 끄덕이고 쏜살 같이 달려갔다. 경기가 다시 시작되었다.

아파리시오 감독은 사이드라인으로 돌아갔고 외할머니도 다시 그쪽으로 갔다. 감독은 외할머니를 보고 얼굴을 찡그렸다.

필드에 나간 레오는 어떻게 해야 할지 모르겠다는 듯이 그냥 서 있기만 했다. 수비수와 미드필더들은 사방으로 달리고 있었다. 흘깃 옆을 쳐다보던 레오의 시선이 공에 꽂혔다. 공은 반대편 사이드라인 가까이에 있었다. 겁이 나서 무릎이 휘청거렸다.

"달려, 레오!" 외할머니가 사이드라인에서 소리쳤다.

"공을 잡아!"

레오는 그 말에 정신이 든 듯 필드를 가로질러 공 가까이로 쌩쌩 달려갔다. 아무도 레오에게 공을 패스하지 않을 것이 분명했다. 같은 팀 선수들에게 그는 투명 인간이나 다름없었다.

그러나 레오는 포기하지 않았다. 반대편 수비수를 쏜살 같이 지나치더니 곧바로 공을 가진 상대 선수를 압박하기 시작했다. 상대 선수가 어떻게 나올지 레오는 뻔히 알고 있었다. 상대 선수가 자신의 다리 사이로 공을 통과시키려고 하자 레오는 재빨리 다리 사이를 오므리고는 공을 빼앗았다. 그리고 재빨리 주위를 살폈다. 골대까지는 약 20미터밖에 되지 않았다!

"크로스해!" 감독이 소리쳤다.

레오는 아주 잠깐 동안 얼어붙은 듯했다. 그러나 공이 발에 닿자 침착해졌다. 그는 생각을 멈추었다. 어떻게 해야 하는지 이미 알고 있었다. 수비수들이 온통 그를 둘러쌌지만 전부 다 제치고 앞으로 내달렸다. 공은 내내 그의 발을 떠나지 않았다.

아파리시오 감독은 어느새 셀리아 할머니가 있는 울타리 아래쪽으로 내려가 이마를 탁 치며 한숨을 내쉬었다. "보셨어요? 전혀 떨지도 않네! 저 녀석은 마치 절대로 없앨 수 없는 벼룩 같아요!" 감독이 중얼거렸다.

외할머니는 그 말을 듣고 고개를 한쪽으로 기울였다. "벼룩이라." 외할머니는 싱긋 웃었다. "그거 마음에 드는걸."

공을 빼앗긴 첫 번째 수비수가 태클을 하려고 했다. 레오는 씩 웃었다. 간단했다. 오른쪽으로 살짝 물러난 다음에 재빠른 드리블로 두 번째 수비수를 제치고 왼쪽으로 갔다. 아직 골대에서 멀리 떨어진 상태였지만 레오는 골키퍼의 겁먹은 눈빛을 읽을 수 있었다. 그는 뒤에서 수비수들이 빠르게 달려오고 있다는 사실을 알지 못했다. 레오는 골대의 빈 공간을 보고 차분하게 골키퍼의 다리 사이로 공을 찼다. 그라운드 위로 휙 힘차게 날린 왼발 슛이었다. 레오는 사람들의 환호성을 듣지 못했다. 외할머니가 자신의 이름을 외치는 소리만 들렸다. 관중석 쪽에 있는 외할머니를 본 레오는 미소를 지었다. 그리고 마치 "외할머니를 위한 골이에요!"라고 말하는 듯 승리의 V자를 만들어 보였다.

레오는 멀리 있어서 외할머니의 눈에 맺힌 기쁨의 눈물을 보지 못했다.

그 후로 20분 동안 아파리시오 감독은 사이드라인을 바쁘게 왔다 갔다 하면서 큰 소리로 각종 지시와 전술을 외쳤다. 그가 아까 셀리아 할머니와 함께 있던 울타리 쪽을 쳐다보자 외할머니가 미소를 지어보였다. 감독은 외할머니를 자신의 옆으로 불러 경기 내내 함께 있었다. 레오가 다섯 번째 골을 넣고 승리가 확정

되는 순간 아파리시오 감독은 너무나 기쁜 나머지 외할머니를 덥석 잡고 뺨에 입을 맞추기까지 했다. 레오가 그 날 넣은 골은 후반으로 갈수록 점점 더 훌륭해졌다. 아파리시오 감독은 녀석이 힘들이지 않고 자연스럽게 플레이한다고 생각했다. 벼룩 같은 저 녀석은 축구 천재다! 레오는 자신에게 온 공으로 전부 골 네트를 갈랐다.

선수들은 레오를 얼싸안고 환호했다. 레오는 놀라고 당황스러웠다. 모르는 아이들이 그렇게 해준 것은 처음이었다.

경기가 끝난 후 레오는 외할머니와 아파리시오 감독에게로 갔다. 부모들과 구경꾼들이 둘러싸고 보물 같은 선수를 찾은 감독을 축하해주었다.

"어서 가자, 레오. 시장에 들러야 해." 외할머니가 말했다.

레오와 외할머니의 등 뒤에 대고 감독이 소리쳤다. "내일 훈련에 꼭 보내주세요!"

"알았네. 우리 둘 다 4시 정각에 딱 맞춰서 오겠네." 외할머니가 말했다.

아파리시오 감독은 활짝 웃으며 자신을 둘러싼 부모들을 돌아

보며 중얼거렸다.

"내 저 녀석을 필드에서 나오게 하나 봐라!"

CHAPTER 4

컨닝

레오와 신티아는 한동안 아무 말 없이 학교로 걸어갔다. 레오는 한쪽 옆구리에는 책을, 다른 쪽에는 축구공을 끼고 있었다. 학교 운동장에 도착하자 레오가 공을 내려놓고 운동장을 가로질러 드리블을 했다. 미처 알아서 피하지 못하는 아이들을 이리 저리 피하면서 갔다.

신티아는 교실 앞까지 레오를 따라갔다. "다들 널 어떻게 쳐다보는지 봤어?"

레오는 어깨를 으쓱 했다. "그냥 연습한 건데."

"다들 널 올려다봐." 신티아가 말했다.

"올려다보는 게 아니라 내려다보는 거겠지." 레오는 자신의 발

아래를 쳐다보면서 말했다. "다들 나보다 크니까."

"그런 말이 아니잖아." 신티아가 화난 듯 쏘아붙였다. 하지만 화는 오래 가지 않았다. 신티아는 레오가 작은 키에 민감하고 남들만큼, 특히 자신만큼 자라고 싶어 한다는 사실을 잘 알고 있었다. 신티아는 쌩하니 교실로 달려갔고 레오도 뒤따라 들어가 신티아 뒤의 맨 마지막 줄에 앉았다.

아이들이 전부 자리에 앉자 페레토Ferreto 선생님이 시험지를 잔뜩 안고 들어와 앞줄부터 뒷줄까지 차례로 나눠 주었다. "15분 안에 다 풀어야 한다." 선생님이 신티아의 책상에 시험지를 내려놓으며 말했다. "다 푼 사람은 연필을 내려놓고 손을 들어."

레오의 책상에 시험지를 내려놓던 선생님은 레오가 올려다보자 미소로 답했다.

레오는 시험지를 들여다보았다. 문제는 모두 다섯 개였다. 그중 몇 개라도 맞혔으면 했다. 레오는 발로 신티아의 다리를 살짝 쳤다. 신티아가 고개를 끄덕였다. 준비되었다는 뜻이었다.

페레토 선생님은 교실 앞쪽으로 가서 오래된 오븐 타이머의 다이얼을 15로 맞추었다. "자, 그럼 시작."

반 아이들은 새떼라도 되는 듯 동시에 우르르 연필을 집어 들고 답을 적기 시작했다. 레오는 시험지를 뚫어져라 쳐다보았다. 적어도 첫 번째 문제는 풀 수 있을 거야. 그나마 첫 번째 문제가 제일 쉽지 않을까? 하지만 도저히 답을 모르겠어서 신티아의 다리를 쳤다. 그것은 두 사람만의 신호였다. 신티아가 연필을 쥐지 않은 손을 뒤로 뻗자 레오는 그 손에 커다란 핑크색 지우개를 놓았고 신티아가 앞으로 가져갔다. 잠시 후 신티아가 돌려준 지우개를 살펴보니 1번 문제의 답이 적혀 있었다.

10분 후 신티아가 손을 들었고 페레토 선생님이 웃으며 신티아 자리로 와서 시험지를 받아갔다. 주변에서 더 많은 아이들이 손을 들었다. 레오는 몇 분 더 기다렸다가 손을 들었다. 페레토 선생님은 손드는 아이들의 책상에 일일이 가서 시험지를 받아 앞자리로 가서 채점을 시작했다. "시험지 제출한 학생은 오늘 읽기 숙제 시작하자."라고 선생님이 말했다. 레오는 한숨을 내쉬며 책가방에서 낡은 책을 꺼내어 읽기 시작했다.

점심시간을 알리는 종이 울렸다. 책상이 끽끽 움직이는 소리가 점점 커지고 학생들은 자리에서 일어나 페레토 선생님을 지나 밖으로 나갔다. 선생님은 신티아가 나갈 때는 미소를 지었지만 레오를 보더니 밖으로 나가려고 줄 서 있는 아이들 틈에서 잠아끌었다. "레오, 잠깐 이야기 좀 하자."

레오의 눈이 휘둥그레졌다. 마지막 한 명까지 교실을 빠져나가자 선생님이 레오에게 시선을 돌렸다.

"시험 잘 봤더구나, 레오."

"감사합니다." 레오는 이렇게 말하고 나가려고 했지만 선생님이 막았다. "아직 안 끝났어." 들통 났다. 이제 다 끝났다. 신티아와의 분홍색 지우개 전략은 완벽했지만 페레토 선생님이 날카로운 눈으로 꿰뚫어본 것이었다. "레오, 넌 시험을 아주 잘 봤어. 그런데 신티아하고 점수가 똑같더구나." 선생님은 답을 강력히 요구하는 듯한 표정으로 레오를 바라보았다.

선생님의 시선이 레오를 움츠러들게 했다. "네, 굉장하네요."라고밖에 말할 수 없었다.

"답도 완전히 똑같고 말이야. 한 글자도 빠짐없이 전부 다."

바보! 컨닝 사실이 드러나지 않도록 신티아의 답과 조금 다르게 써야 한다는 것을 레오도 알고는 있었다. 하지만 날씨가 화창해서 빨리 운동장으로 나가 공을 차고 싶었고 무엇보다 시험을 잘보고 싶었다.

"신티아가 네 답을 봤거나 네가 신티아의 답을 봤다는 이야기지. 그런데 누가 누구 것을 봤는지는 분명한 것 같구나. 레오, 선생님은 네가 신티아의 답을 본 거라고 생각한다."

레오는 어깨를 움츠러뜨리고 발아래만 쳐다보았다. 감히 선생님의 얼굴을 볼 수가 없었다.

오래 걸리기는 했지만 레오가 말문을 열어 자백했다. "제가 그랬어요, 선생님. 제가 신티아의 답을 베꼈어요."

페레토 선생님은 한동안 생각에 잠겼다. "앉아라." 선생님은 레오의 자리를 가리켰다.

"퇴학시키실 건가요?" 레오는 신티아의 자리 바로 뒤에 있는 맨 마지막 줄 네 번째 자리에 앉았다.

"아니. 다시 가르쳐주고 시험을 다시 보게 할 거야. 이번에는 혼자 힘으로 통과해야 해!"

페레토 선생님은 레오만을 위한 수업을 시작했다.

점심시간이 끝나고 아이들이 돌아왔지만 선생님은 교실 안으로 들여보내주지 않았다. 레오가 앞에 놓인 시험지에 답을 휘갈겨 쓰는 동안 창문으로 엿보는 아이들의 얼굴이 하나둘씩 보였다. 마침내 문제를 다 푼 레오는 연필을 내려놓고 손을 들었다. 페레토 선생님이 와서 레오의 시험지를 훑어보았다. 시험지에는 다섯 개의 새로운 문제가 적혀 있었다. 선생님은 한 문제에 빨간색 색연필로 뭐라고 휘갈겨 쓰기 시작했다. 레오는 나머지 문제도 전부 빨간 색연필로 틀렸다는 표시가 되면 어쩌나 걱정했다. 하지만 다행히 그렇지는 않았다. 선생님은 레오를 보고 웃으면서 말했다. "축하한다, 레오. 통과했구나." 선생님은 곧바로 교실 앞쪽으로 돌아가서 학생들을 들여보냈다.

레오는 허리를 똑바로 폈다. 통과라니 믿을 수 없었다! 신티아도, 핑크색 지우개도 없는데 통과했다.

레오와 신티아는 집으로 함께 걸어갔고 한동안 아무 말이 없었다. 마침내 레오가 침묵을 깨고 말했다. "신티아?"

"왜?" 신티아가 무심코 답했다.

"나 기분이 훨씬 좋아졌어."

"골 넣었을 때처럼?" 신티아가 레오에게 웃어 보였다.

레오는 웃으면서 고개를 저었다. "아니. 골 넣었을 때의 기분은 어디에도 비교할 수 없어."

CHAPTER 5

뉴웰스의 러브콜

레오는 가슴 앞으로 가져간 공을 쓰다듬은 후 발 아래로 떨어뜨리더니 골대를 향해 드리블을 하기 시작했다.

"레오를 마크해!" 그란돌리 미드필더 한 명이 소리쳤다. 하지만 레오는 상대 수비수의 존재를 이미 알고 있었다. 수비수는 항상 있었으니까. 골대 근처에서 수비수가 나타나자 레오는 멈추고 공을 오른발에 계속 둔 채 왼쪽으로 움직이는 척했다. 그러자 수비수가 속아 넘어갔다. 레오는 오른쪽으로 공을 찼고 또 다른 수비수를 지나 골키퍼의 머리 위로 슛을 날렸다. 그날의 세 번째 슛이자 해트트릭이었다. 레오는 이제 막 9살이 되었다.

평생 운동을 해서 덩치가 크고 근육질인 그리파Griffa 씨가 관중석에서 일어났다. 그는 그란돌리 관중석이 이렇게 북적거리는 것을 처음 보았다. 그 역시 자주 오지 않았다. 그럴 이유도 없었다. 로사리오 꼴찌 팀에서 천재가 나올 일은 없었으니까. 그는 다시 자리에 앉아 경기를 지켜보았다. 친구인 아파리시오 감독의 눈에 띄지 않기를 바라면서. 그 날 그는 친구를 만나러 온 것이 아니었다. 일부 사람들이 마라도나 같은 천재라고 부르는 리오넬 메시를 보러 온 것이었다. 그리파 씨는 아무런 방해도 받지 않고 소년을 지켜볼 필요가 있었으므로 앞자리가 많은 데도 맨 끝에 앉았다. 하지만 아파리시오 감독과 눈이 마주치자 멋쩍은 미소를 지어보였다. 큰일이었다.

로사리오에서 가장 유명한 축구팀, 뉴웰스 올드 보이스Newell's Old Boys 소속의 그리파 씨를 처음 발견한 것은 아파리시오 감독이 아니었다. 메시의 형, 마티아스와 로드리고가 아파리시오 감독과 함께 있다가 관중석에 앉은 그리파 씨를 보고 가리켰다. 아파리시오 감독은 그가 왜 왔는지 단번에 알 수 있었다. 리오넬 메시를 빼앗아가려고 온 것임을.

'겨우 2년 만에 '벼룩'을 빼앗아가려고 달려드는군.'이라고 아파리시오 감독은 생각했다. 레오는 넘어지거나 실수를 하기는커

넝 그리파 씨가 보는 앞에서 해트트릭을 기록했다. "오늘 컨디션이 좀 나쁘면 어디 덧나나?" 아파리시오 감독은 안타까운 마음에 이렇게 큰 소리로 말했다.

레오의 아버지 호르헤가 감독 옆으로 다가왔다. 그는 그리파 씨를 잘 알고 있었다. 호르헤도 13살 때 뉴웰스에서 뛰었고 첫째 아들과 둘째 아들도 7살 때부터 그곳에서 뛰기 시작했다. 메시 집안에는 '레드 & 블랙'에 대한 사랑이 넘쳤다. 다들 뉴웰스 올드 보이스를 그렇게 불렀다. 호르헤와 두 큰아들은 레퍼스Lepers라는 사실을 자랑스러워했다. 그것은 로사리오 최고의 팀이라고 평가받는 뉴웰스의 애칭이었다. 레퍼스는 로사리오의 또 다른 클럽인 로사리오 센트럴Rosario Central과 오랫동안 경쟁해왔다. 하지만 메시 가족에게는 오로지 뉴웰스뿐이었다.

그리파 씨는 이만하면 충분히 봤다고 생각했다. 그는 자리에서 일어나 관중들에게 실례한다고 말하며 맨 아랫줄로 내려갔다. 계단 두 개를 뛰어넘어 경기장으로 내려갔다. 필드 가장자리를 빠르게 지나 호르헤와 마티아스에게로 갔다. 그리파 씨는 로드리고와 마티아스에게 손짓했다. 그러자 앞 다투어 그가 있는 쪽으로 달려왔다.

"왜 그러세요, 그리파 씨?" 마티아스가 물었다.

"연습에 동생도 데려오거라." 그리파 씨가 쉰 목소리로 말했다.

"네, 알겠습니다. 그리파 씨!" 로드리고가 대답과 동시에 아버지 쪽을 보았더니 아버지도 만족스러운 듯 고개를 끄덕였다.

"그럼 이만." 그리파 씨는 가버렸다.

그는 잠깐 멈추더니 뒤돌아서서 "불러줘서 고마워요."라고 말했다. 그러고는 뉴웰스 올드 보이스의 경기장으로 이어지는 울퉁불퉁한 길로 걸어갔다. 마티아스와 로드리고는 어리둥절한 얼굴로 서로를 쳐다보았다.

그리파 씨가 불러도 들리지 않는 곳까지 멀어지자 마티아스가 로드리고를 쳐다보았다. "난 안 불렀는데. 혹시 네가 불렀어?"

로드리고는 고개를 저으며 아버지를 쳐다보았다. 아버지도 고개를 저었다. 그들은 일제히 저 멀리 걸어가는 그리파 씨를 쳐다보았다. 그 때 어디선가 갑자기 외할머니가 나타나더니 그리파 씨를 따라가는 것이었다. 외할머니는 그리파 씨의 등을 두드려주고는 기분 좋게 이야기를 나누었다. 로드리고와 마티아스는 무슨 말인지 듣고 싶었지만 너무 멀었다. 외할머니는 몇 마디 더 하고는 그리파 씨를 보내고 행복한 웃음을 지으며 이쪽을 쳐다보았다. 외할머니는 호르헤와 두 손자에게 V자를 해보였다.

뉴웰스 올드 보이스 축구 교실과 유소년 팀의 홈구장인 말비나스Malvinas는 하얗게 칠해진 벽에 빨간색과 검정색으로 번갈아 가며 크고 굵은 글씨로 'Es El Glorioso Newell's Old Boys'라고 쓰여 있었다. '영광의 뉴웰스 올드 보이스'라는 뜻이었다. 옆에 빨간색으로 칠해진 철문을 열면 경기장으로 이어졌다. 경기장으로 가려면 철문을 거쳐 환영 인사가 담긴 표지판 아래를 지나야 했다. 레오와 외할머니도 그렇게 경기장으로 들어갔다.

"나한테 맡기렴." 외할머니는 레오의 손을 잡고 필드 쪽으로 걸어가다가 가브리엘 디게로라모Gabriel Digerolamo를 발견했다. 그는 뉴웰스 올드 보이스 축구팀의 세 감독 중 한 명이었다. 팀은 이미 필드로 나가 훈련을 하고 있었다. 정확하고 짧은 패스를 통해 상대 선수로부터 공을 지키고 약 450미터를 전력 질주하는 훈련이었다. 선수들이 훈련을 잘 받았다는 것을 레오는 보자마자 알 수 있었다.

"그리파 씨가 레오를 연습에 데려오라고 했어요. 그래서 데리고 왔지." 외할머니가 말했다.

디게로라모 감독은 레오를 쳐다보고는 '맙소사, 생각보다 훨씬 작잖아.'라고 생각했다. 그는 외할머니에게 물었다. "애가 터프한가요?"

"마라도나가 터프한가요?" 외할머니가 되물었다.

디게로라모 감독은 외할머니의 의기양양한 답변에 웃음을 터뜨렸다.

"그럼 꼬맹이 마라도나가 얼마나 잘하는지 볼까요?" 그는 레오에게 물었다. "무슨 포지션이지?"

"감독님이 하라는 대로 할게요." 레오는 뭔가 신경 쓰이는 듯 답했다.

디게로라모는 또 웃었다. "골 넣을 수 있니?"

"당연하죠!" 레오가 답했다.

"좋아. 그럼 오른쪽 미드필더부터 시작하자."

레오는 고개를 끄덕이고 경기장으로 달려가다가 멈추더니 물었다. "저, 감독님?"

"왜?"

"저는 꼬맹이가 아니에요."

디게로라모는 잠시 멈추어 섰다. 어쩌면 저 아이는 생각보다

강할지도 모른다는 생각이 들었다.

"그럼 너를 뭐라고 부르면 좋겠냐?"

"친구들은 저를 벼룩이라고 불러요." 레오는 이렇게 말하고 필드로 달려갔다.

디게로라모는 모자를 벗고 머리를 긁적였다. "알았다, 벼룩." 그가 외할머니를 쳐다보자 외할머니는 어깨를 으쓱했다. "우리 애는 작은 키를 마음에 들어 하지 않는답니다."

"그건 알겠네요." 디게로라모는 이렇게 말한 후 호루라기를 불고 경기장으로 시선을 집중했다. 레오가 공을 잡고 있었다. 믿을 수 없었다. 어떻게 저렇게 빨리 공을 잡았지?

디게로라모 감독은 자신이 뭔가를 놓쳤으리라고 생각했다. 곧이어 에르네스토 베키오Ernesto Vecchio 감독과 카를로스 모랄레스Carlos Morales 감독이 왔다. 두 사람의 눈은 레오에게 고정되어 있었다. 레오는 네 명의 선수 사이를 요리조리 뚫고 앞으로 달려 나가더니 골대 왼쪽 아래를 향해 빠르게 슛을 날렸다. 뉴웰스에서의 첫 골이었다.

골인 후 뒤돌아선 레오는 절반이나 되는 동료 선수들이 달려들어 함께 쓰러졌다.

다들 잔뜩 흥분해서 소리치고 레오의 머리를 헝클어뜨렸다. 레오가 자리에서 일어나자마자 경기가 재개되었다.

가브리엘 디게로라모, 에르네스토 베키오, 카를로스 모랄레스 감독은 거의 동시에 뒤쪽 벤치로 가서 앉았다. "방금 스트라이크 봤어?" 모랄레스가 물었다.

"나도 눈이 있다네." 베키오가 말했다.

"벼룩이라고 불러달라더군." 디게로라모가 말했다.

"벼룩?" 모랄레스가 물었다.

"키가 작다고 놀리면 안 돼. 키에 민감하거든." 디게로라모가 말했다.

베키오는 손가락을 들고 뭔가 말하려고 했으나 바로 그 때 선수들 사이에서 환호성이 터져 나왔고 고함소리가 점점 커졌다. 또 다시 선수들이 레오를 얼싸안고 쓰러졌다. 세 감독들은 무슨 일인가 싶어 자리에서 일어났다. 레오가 또 골을 넣은 것이었다.

그들은 벤치에 털썩 주저앉아 서로를 쳐다보았다. 베키오가 한 쪽 팔을 디게로라모에게 내밀고는 "나 좀 꼬집어 봐. 꿈을 꾸고 있는 것 같군."이라고 말했다.

호르헤 메시는 다소 초조한 심정으로 아파리시오 감독의 집

현관문을 두드렸다. 가뜩이나 하기 어려운 이야기인데다 아파리시오는 그의 오랜 친구이기도 했다. 아파리시오 감독은 문을 열고 호르헤를 보자마자 웃는 얼굴이 찌푸린 표정으로 변했다. "무슨 일인가, 호르헤? 내가 모르는 소식이라도 있나?"

"아파리시오, 정말 좋은 소식이 있다네." 호르헤가 불쑥 말했다.

"좋은 소식이라고?" 아파리시오 감독이 어안이 벙벙해진 표정으로 물었다.

"뉴웰스 올드 보이스에서 레오를 들어오라고 하지 뭔가!" 호르헤는 감독의 어깨를 잡고 흔들었다. "정말 잘 된 일 아닌가?"

"그게 어떻게 좋은 소식인가, 호르헤? 나는 로사리오에서 제일 잘하는 선수를 잃게 됐는데." 아파리시오 감독은 이렇게 말하고 집안으로 들어가 버렸다.

"레오한테는 잘된 일이잖나." 호르헤가 밖에서 소리쳤다.

집안 어딘가에서 아파리시오 감독의 한숨소리가 들려왔다. 감독이 다시 나타나 고개를 끄덕였다. "맞는 말이네, 친구. 레오한테는 잘된 일이지. 레오가 잠깐이나마 그란돌리에서 뛰었던 걸로 만족해야지." 그는 현실을 받아들이며 말했다. "잠깐 실례 좀 하겠네. 난 좀 울어야겠어."

호르헤는 웃음을 터뜨렸고 아파리시오는 오랜 친구를 쳐다보았다. "난 슬픔에 빠져있는 건 체질에 안 맞아." 두 사람은 함께 큰 소리로 웃었고 아파리시오가 친구를 껴안았다. "레오한테 잘된 일이라고? 그래, 엄청 잘된 일이지! 같이 축하하세!" 아파리시오 감독은 친구와 어깨동무를 하고 집안으로 들어갔다. "냉장고에 맥주가 있을 거야."

레오는 뉴웰스에서 한 달간의 테스트 기간을 보냈다. 뉴웰스의 모든 경기마다 모든 포지션을 맡아 뛰었고 전부 탁월한 모습을 보였다. 한 달 동안에만 28골을 넣었다.

레오가 뉴웰스 올드 보이스에서 치른 테스트는 1994년 3월 21일까지였다. 감독과 구단주들은 말비나스의 작은 사무실에서 회의를 열었다. 레오는 밖에서 아버지와 함께 벽돌 위에 앉아 기다렸다. 레오는 불편한 듯 자꾸만 자세를 바꾸었다. 공을 가지고 오지 않은 것이다. 레오는 외할머니에게 처음으로 축구공을 선물받은 후 생일 때마다 새 축구공을 받았다. 레오가 원하는 선물은 그것뿐이었고, 매해 선물 받은 공을 전부 방에 보관했다. 지금 축구공이 있다면 좋을 텐데. 레오는 축구공만 있으면 편안해졌다. 계속해서 불편한 듯 자세를 바꾸며 주변을 둘러보다가 건물 옆에 작은 레몬 나무를 보았다. 레몬 나무로 걸어가 땅에 떨어진 레몬을 주워서 돌아온 레오는 레몬을 축구공 삼아 드리블을 시작했다. 그러자 긴장과 불편함이 사라지고 웃음 띤 얼굴로 발을 바꿔가며 레몬을 손쉽게 움직였다. 왼발 터치, 오른발 터치.

호르헤는 아들이 레몬으로 점점 빠르게 토스하는 모습을 놀라운 표정으로 쳐다보았다.

말비나스 사무실 창문에는 유리가 없어 안에서 주고받는 말소리가 들렸다. 하지만 무슨 대화가 오가는지 다 알아들을 수는 없었다.

한 사람은 레오를 '모차르트'라고 칭했고, '정말 대단한 꼬마'라고 말하는 또 다른 목소리도 들렸다.

몇 분 후 세 감독이 활짝 웃으며 나왔고 나머지 사람들도 뒤따랐다.

레오와 아버지는 똑바로 일어섰다.

베키오 감독은 마치 월드컵 출전 선수라도 발표하는 듯 진지했다. "리오넬 메시. 뉴웰스 올드 보이스의 정식 선수가 된 걸 환영한다." 베키오 감독이 뒤돌아보자 모랄레스 감독이 그에게 뭔가를 건넸다. 레오는 베키오 감독의 손에 빨간색과 검정색으로 된 유니폼이 들려있는 것을 보았다. 가슴이 마구 뛰었다. 놀라서 레몬을 떨어뜨렸지만 곧바로 발로 받았다.

말비나스 관계자들은 그런 레오의 반응에 웃음을 터뜨렸다. 베키오 감독이 레오에게 유니폼을 주었다. "뉴웰스에 들어온 것을 환영한다."라고 말하며 악수를 청했다.

그 때 사무실에서 또 다른 남자가 나왔다. 손도 크고 키도 큰 사람이었다. 그가 곧바로 호르헤에게 말했다. "메시 씨, 아드님에 대해 좋은 얘기를 많이 들었습니다." 부드럽고 쾌활한 목소리였다. "잠깐 둘이 이야기를 나눌 수 있을까요?"

호르헤 메시는 앞으로 나서며 "그러지요."라고 했다. 키 큰 남자는 호르헤에게 명함을 건넸고 두 사람은 함께 사무실로 들어갔다.

레오는 등을 두드리며 축하해주는 뉴웰스 올드 보이스 관계자들에게 둘러싸여 있었다. 베키오 감독이 레오의 어깨를 잡고 말했다. "자, 그럼 시작해보자."

CHAPTER 6

성장호르몬결핍증

호르헤 메시는 레오의 방으로 달려가 아들을 흔들어 깨웠다.

레오는 지진이라도 난 줄 알고 머리를 감싸며 비명을 질렀다. 그 때 아버지의 얼굴이 보였다.

호르헤는 머리를 감싼 아들의 손을 풀며 말했다. "좋은 소식이 있다, 레오!"

레오가 졸린 듯 눈을 비비며 물었다. "뭔데요, 아빠?"

"레퍼스가 프렌드십 컵에 초청받았어. 리마에 갈 거다!"

순간 잠에서 확 깬 레오가 자리에서 벌떡 일어나 앉았다. "페루요?"

"정말 영광스러운 일이야. 아르헨티나와 칠레, 에콰도르, 콜롬

비아 팀들하고 겨루는 거야!"

레오가 뉴웰스 올드 보이스에 입단한지 일 년째였다. 그 해에 레퍼스는 무적이나 다름없었다. 라이벌 팀인 센트럴 시티 스카운드럴Scoundrels of Central City과의 경기마다 승리를 거머쥐었다. 레오 팀의 선수들은 대부분 1987년생이기 때문에 '87 머신The Machine of '87'이라고 불리게 되었다. 87 머신이 페루에 가게 된 것이다!

"하지만 더 중요한 게 있지." 아버지가 몇 달 전에 말비나스에서 낯선 신사에게 받은 명함을 흔들었다.

"뭔데요?" 레오가 물었다.

"우선 의사 선생님을 만나러 가야 돼!"

다음 날 셀리아와 호르헤는 레오를 가운데에 세우고 병원 건물의 계단을 올라갔다. 대기실은 한쪽에 놓인 소파와 반대편의 의자 몇 개가 전부였다. 그 가운데에는 오래된 잡지가 쌓여 있었다. 레오와 엄마는 소파에 앉고 아버지는 불투명한 미닫이 유리창이 달린 짧은 난간으로 갔다. 그 옆에는 문이 있었다. 아버지가 난간에 달린 벨을 누르자 거의 곧바로 불투명한 미닫이 유리창이 열렸다. 그 안에서 상냥한 얼굴의 나이 지긋한 아주머니가 물었다. "성함이 어떻게 되시죠?"

"리오넬 메시입니다." 아버지가 답했다.

"아." 아주머니는 짧게 대답하고는 재빨리 창문을 닫았다. 어리둥절한 표정으로 혼자 남겨진 아버지는 곧 아내와 아들이 있는 곳으로 돌아갔다.

레오는 집에서 출발하기 전에 주머니에 넣어둔 레몬으로 손을 가져갔다. 레몬을 꺼내려던 순간 문이 열리더니 미소를 머금은 슈와르츠슈타인Schwartzstein 박사가 나왔다. 뉴웰스 올드 보이스에서 아버지에게 명함을 준 바로 그 신사였다. "잘 오셨습니다, 메시 씨." 선생님은 레오 아버지의 손을 힘차게 잡았다.

레오는 레몬을 꺼내려다 말고 정중하게 일어섰다. 옆에 있던 엄마도 미소를 지으며 일어섰다.

"이쪽으로 오세요." 선생님이 레오와 엄마에게 손을 흔들었다. "드디어 만나다니 반갑구나, 레오."

"감사합니다." 레오는 어쩔 줄 몰라서 이렇게만 말했다.

"네가 뛰는 모습을 봤는데 정말로 특별한 선수라고 생각한다. 내가 뭐 하는 사람인지 알고 있니?"

"네. 키 크게 도와주시잖아요." 레오가 말했다.

의사 선생님이 빙그레 미소를 지었다. "그래. 아이들의 몸에는 성장을 도와주는 호르몬이라는 것이 있단다. 그런데 네 몸의 성장호르몬이 제대로 작동하지 않고 있어. 하지만 이제 걱정하지 않아도 된다, 레오. 똑같은 문제를 가진 아이들이 많지만 이제는 호르몬 이상을 해결할 수 있을 정도로 의학이 발달했거든."

"그럼 저도 키가 클 수 있나요?" 레오가 물었다.

"물론이지. 더 클 수 있어."

레오는 너무 기뻐서 동경의 눈길로 의사 선생님을 바라보았다.

슈와르츠슈타인 박사의 연구실은 간소했다. 환자용 침대에 앉은 레오에게 선생님이 주사기를 들고 왔다. "검사에 필요하니까 피를 조금만 뽑자구나."

레오는 용감하게 고개를 끄덕였다.

"아주 잠깐 따끔할 거다, 레오." 선생님은 레오의 팔을 살짝 돌려 천천히 주삿바늘을 꼽았다.

"괜찮아요." 레오는 씩씩하게 말했지만 주삿바늘을 보고는 얼굴을 찡그렸다. 선생님은 주사기의 바늘을 빼고 검사용 튜브를 끼웠다. 레오의 피가 튜브 안에 차기 시작했다. 엄마는 혹시 몰라서 레오의 팔을 잡고 있었다.

주삿바늘을 싫어하는 아버지는 재빨리 천장을 쳐다보았다.

튜브에 피가 가득 차자 선생님은 바늘을 빼고 튜브 안에 공기를 집어넣었고 바늘로 찌른 곳에 작은 밴드를 붙여주었다.

"괜찮아요, 선생님. 하나도 아프지 않아요."

"네가 축구하는 모습을 처음 보고 아주 용감한 녀석이라는 걸 알 수 있었지. 상대팀 선수들이 쉬지 않고 태클을 걸고 쓰러뜨리려고 해도 넌 절대 포기하지 않고 꿋꿋하게 버티더구나. 선수들이 뒤에서 밀쳐도 말이야. 어쩌다 넘어져도 절대로 불평하지 않았어. 그걸 보고 네가 굉장한 선수라는 걸 알았지!"

레오는 얼굴을 붉혔다. 칭찬을 들으니 기분이 좋았지만 한편으로는 부끄럽기도 했다.

"그리고 또 하나를 알 수 있었단다." 선생님이 말을 이었다. "넌 파울이나 페널티킥을 얻어내려고 일부러 넘어지는 일이 절대로 없더구나."

"레오는 절대로 거짓으로 아픈 척하지 않아요. 절대로." 아버지가 여전히 천장을 쳐다보며 말했다.

의사 선생님은 대단하다는 듯이 고개를 흔들었다. "좋아요.

아, 메시 씨, 이제 아래를 보셔도 됩니다."

걱정스러운 듯이 고개를 내린 아버지는 주삿바늘이 사라진 것을 보고서야 안도의 한숨을 내쉬었다.

"검사 결과가 나오는 대로 알려드리죠." 슈와르츠슈타인 박사는 건물 입구까지 세 사람을 배웅하며 말했다.

"감사합니다, 박사님. 이렇게 애써주셔서 얼마나 감사한지요."

"제가 할 일을 할 뿐입니다." 선생님은 환하게 미소 짓고는 사무실로 돌아갔다.

13회 프렌드십 컵 대회가 열리는 페루의 리마는 로사리오에서 약 2,900킬로미터나 떨어진 곳이었다. 68시간 동안 버스를 타거나 3시간 동안 비행기를 타야 갈 수 있었다. 뉴웰스 올드 보이스 팀은 일 년 동안 눈부신 성적을 낸 덕분에 대회 출전 자격을 얻었다.

뉴웰스 올드 보이스의 스태프와 선수들은 리마에 있는 경기장 근처의 여러 가정에 흩어져 묵게 되었다. 레오와 아버지도 예외는 아니었다. 두 사람은 멘데즈Mendez라는 성을 가진 가족의 집에서 묵게 되었다. 그 집 아들 케윈Kewin은 출전팀 중 하나인 그 지역의 칸톨라오Cantolao 소속 선수였다.

    리마의 축구장은 산꼭대기의 초원에 가까운 로사리오의 축구장과는 딴판으로 부드럽고 평평했다. 뉴웰스 올드 보이스는 대회가 시작되자마자 첫 승리를 따내더니 승리를 계속 이어나갔다. 마침내 결승까지 진출하여 칸톨라오와 붙게 되었다. 87 머신이 결승전까지 진출한 것이었다. 프렌드십 컵을 보러 온 수천 명의 관중이 로사리오의 마법사, 10세의 리오넬 메시를 보게 될 터였다. 그러나 칸톨라오 전에서 아무도 예상하지 못한 광경이 펼쳐졌다.

    레오는 관중석 맨 위에서 필드를 내려다보았다. 그는 전반전에서 이미 5골을 기록했다. 보통 관중들은 하프타임에 음식을 사거나 화장실에 간다. 그런데 이번 경기에서 레오는 그들을 계속 자리에 붙잡아두었다. 다름 아니라 관중석 사이로 드리블을 하면서 경기장으로 내려가는 묘기를 선보인 것이었다. 그가 가장 좋아하는 훈련 '키피 어피keep-uppy'였다. 절대로 공을 떨어뜨리지 않고 무릎 사이로 옮긴 후 발등으로 잡는 묘기였다. 레오가 아이들과 어른들 사이를 지나며 내려가는 동안 관중석에서는 아무도 움직이지 않았다. 모두가 레오에게서 눈을 떼지 못했다.

레오는 웃으며 사람들을 향해 고개를 끄덕이면서 경기장까지 내려갔다. 그동안 공은 한 번도 땅에 닿지 않았다. 사람들은 "레오, 파이팅!"이라고 소리치고 그의 손을 쳤다. 관중에게 새로운 광경을 선사한 레오는 경기장 아래로 뛰어내리더니 공을 드리블하며 뉴웰스 쪽으로 갔다.

관중석의 사람들은 자리에서 일어나 열정적으로 환호하고 박수를 쳤다. 레오는 뒤돌아 손을 흔들고 뉴웰스 올드 보이스의 선수들 틈으로 사라졌다. 선수들이 레오를 보자마자 웃으면서 얼싸안고 바닥으로 쓰러졌다.

결승 후반전에 레오는 3골을 더 넣었다. 87 머신은 칸톨라오를 제치고 우승을 차지했다. 게임이 끝난 후 케윈 멘데즈가 환한 웃음을 지으며 레오에게 다가왔다.

"한 경기에서 8골이나 넣은 선수는 처음 봤어. 이번 경기뿐만 아니라 다른 경기에서도 본 적이 없어." 케윈이 내민 손을 레오가 잡았다. "넌 마라도나 같아."

그리고 케윈이 물었다. "어떻게 하는 거야?"

"뭘?" 레오가 물었다.

"너의 플레이 말이야. 누가 가르쳐줬어?"

레오는 대답하지 않고 머리만 긁적였다. 예전에도 받은 적 있는 질문이지만 어떻게 대답해야 할지 몰랐다. 좀 부끄러웠다.

"모르겠어." 그러고는 마침내 레오가 말했다. "이걸로 배웠어." 레오가 자신의 눈을 가리켰다. "그리고 나한테 축구는 생명이야. 살기 위해서 하는 거야." 레오는 어깨를 으쓱하더니 새 친구에게 활짝 웃어보였다.

그러고 나서 레오는 유니폼을 벗어 케윈에게 주고 동료들이 있는 곳으로 달려갔다.

케윈 멘데즈는 빨간색과 검정색으로 된 10번 유니폼을 꽉 잡은 채 친구가 달려가는 모습을 쳐다보았다. 케윈은 앞으로 평생 그 티셔츠를 간직해 프렌드십 컵 기간 동안 자신의 집에 머물렀던 소년을 기억하리라고 마음먹었다. 앞으로 축구공으로 신화를 창조해낼 소년을.

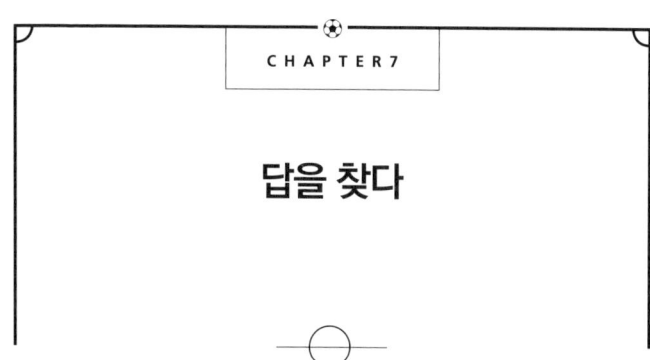

답을 찾다

산꼭대기에 다다르자 레오는 숨이 차서 헐떡였다. 집에서 얼마 떨어지지 않은 곳인데도 자동차나 트럭 소리가 하나도 들리지 않고 평화로웠다. 레오는 올리브 나무 아래에 앉아 거친 숨을 몰아쉬었다. 생각할 필요가 좀 있었다. 이곳은 그만의 비밀 장소였다. 어떻게 해야 할지 모를 때 이곳에 와서 답을 찾곤 했다. 왜인지는 모르지만 이곳에만 오면 답을 떠올릴 수 있었다. 잠시 후 느긋하게 걸어온 신티아가 도착했다.

"여기서 뭐해?" 신티아는 교복에 흙을 묻히지 않으려고 옆에 무릎을 꿇고 앉았다.

"뉴웰스와 바르셀로나 중에 어느 팀에서 뛸지 생각하느라고.

여긴 조용하니까. 넌 어떻게 생각해?"

"장난해? 그걸 생각하러 여기까지 왔단 말이야?" 신티아는 레오의 말을 믿으려고 하지 않았다.

"난 마라도나처럼 훌륭한 선수가 되고 싶어."

"당연히 그렇겠지. 레오, 여기에 온 진짜 이유가 뭐야?"

레오는 초조해졌다. 신티아가 어떻게 알았지?

"공상이나 하려고 이 비밀 장소까지 올라온 게 아니잖아. 그런 건 학교 벤치에서도 할 수 있는데."

레오는 한숨을 쉬었다. "그래. 의사 선생님이 곧 검사 결과를 알려주실 거야. 엄마와 아빠는 많이 걱정하고 계셔. 나도 걱정돼. 그래서 온 거야."

"숨으러 온 거구나." 신티아는 다리를 쭉 펴고 양손을 머리 뒤로 깍지 꼈다.

"그럴지도."

"왜? 나쁜 결과가 나올 것 같아? 좋을 수도 있잖아?"

레오는 한참 동안 생각에 잠긴 채 아무 말도 하지 않았다. 신티아는 흘러가는 구름을 바라보며 참을성 있게 기다렸다. 마침내 레오가 입을 열었다. "네 말이 맞아. 난 무서워."

"나도 그래, 레오." 신티아가 위로해주듯 말했다. "레퍼스에서는 상대팀 선수를 마주할 때 어떻게 하라고 가르치지?"

"두려움과 당당히 마주하라고." 레오가 곧바로 대답했다.

"바로 그거야!" 신티아가 미소 지으며 일어섰다. 신티아는 손을 내밀어 레오를 일으켜 세웠다. "너랑 이런 대화를 나눠서 기뻐." 신티아는 고개를 돌려 언덕 아래로 내려가기 시작했다. 레오는 웃음을 지었다. 여기에 온 이유는 숨기 위해서였고 또 답을 찾으려는 것이기도 했는데 둘 다 해결되었다. 레오는 신티아에게로 달려갔다. 두 사람은 함께 산을 내려갔다.

레오는 슈와르츠슈타인 박사의 대기실에 놓인 철제 의자에 초조하게 앉아 있었다. 양발 사이에는 축구공이 있었다. 엄마는 작은 소파에 앉아 손으로 깍지를 꼈다 풀기를 반복했다. 아버지는 창가에 서서 걱정스러운 표정으로 지나가는 자동차들을 쳐다보았다. 이내 슈와르츠슈타인 박사가 나오자 모두들 화들짝 놀라며 긴장했다.

"다들 잘 오셨습니다." 의사 선생님은 양손으로 어머니의 손을 부여잡았다. "레오, 리마에서 우승한 거 축하한다!"

"감사합니다. 좋은 소식이 있나요?" 레오가 물었다.

"그래, 그렇단다." 의사 선생님이 말했다. "검사 결과가 나왔는데 예상대로 성장호르몬결핍증입니다. GHD라고 하죠. 이름대로 심각한 상태는 맞지만 치료가 가능하고 성공률도 높습니다. 레오의 체력 상태로 봤을 때 잠재적인 성장 범위까지 크지 못할 이유가 없다고 봅니다."

예상보다 안심되는 소식에 레오의 얼굴이 밝아졌다.

"저 정말 클 수 있어요?"

슈와르츠슈타인 박사는 웃음을 지으며 레오의 어깨에 팔을 둘렀다. "약속하마."

엄마는 아버지 쪽으로 향했고 아버지는 엄마를 안아주었다. 두 사람은 마치 한 사람인 것처럼 동시에 안도의 한숨을 내쉬었다. "정말 좋은 소식이군요!" 아버지가 말했다.

"정말 감사합니다, 박사님. 정말 좋은 일이에요." 엄마도 떨리는 목소리로 말했다.

그러나 슈와르츠슈타인 박사는 잠시 머뭇거렸고 레오는 뭔가 문제가 있음을 곧바로 알아차렸다.

"그런데, 선생님. 치료는 어떻게 하는 건가요?" 엄마가 물었다.

"몇 년 동안 매일 몇 번씩 성장호르몬 주사를 맞아야 합니다."
선생님은 레오를 보며 덧붙였다. "네가 직접 주사를 놓아야 해."

"네, 할 수 있어요." 레오가 망설임 없이 대답했다.

"그래. 할 수 있을 거야." 선생님은 이번에는 아버지 쪽을 보았다. "두 분께만 잠깐 드릴 말씀이 있습니다."

아버지가 고개를 끄덕였다. "레오, 선생님하고 잠깐 이야기 나누는 동안 공 가지고 밖에 나가 있으렴."

"네, 아버지." 레오는 쌩하니 문으로 달려갔다. 어른들의 대화는 지루하고 무슨 말인지 혼란스럽기 일쑤였다.

"치료비에 대한 이야기를 좀 하시죠." 선생님은 레오가 나가자마자 말했다. "치료비가 대단히 비쌉니다."

"얼마나 비쌉니까?" 아버지가 가까이 다가가며 물었다.

"한 달에 1,000달러~1,500달러 정도 됩니다."

잠시 침묵이 감돌았다. 엄마는 애처로운 눈빛으로 아버지를 쳐다보았다. 철강공장에 다니는 남편이 한 달에 버는 돈보다도 많은 금액이었다. 메시 가족이 절대로 감당할 수 없는 돈이었다. "어떻게 그렇게……" 엄마는 뭐라고 말하려다 말았다. 마치 눈앞에서 문이 쾅 닫힌 것 같았다.

침묵을 깬 사람은 의사 선생님이었다. "대단히 큰돈이라는 걸 저도 압니다. 하지만 이곳 아르헨티나에는 방법이 있습니다."

"어떤 방법이요?" 아버지는 애가 타는 동시에 겁도 났다.

"사회보장재단이 있습니다. 아버님은 아신다르 제철회사에서 일하시죠?"

"네."

"하늘이 무너져도 솟아날 구멍은 있는 법입니다." 선생님이 말했다. "믿음을 잃지 마세요. 신이 알아서 해주실 겁니다."

아버지는 옆에 있는 아내를 아플 정도로 꽉 껴안았다. 자식들을 위해 무엇이든지 다 하겠다고 다짐한 그였다. "레오를 실망시킬 순 없어. 방법을 찾을 거야." 아버지는 엄마를 안심시켰다.

일주일 후, 아버지는 아신다르 제철회사에서 지나는 사람들마다 반갑게 손을 흔들며 퇴근을 서둘렀다. 흙길을 달리고 강가를 지나며 발이 땅에 거의 닿지도 않는 듯이 집으로 급히 향했다. 그가 집에 도착하자마자 현관문을 벌컥 여는 바람에 안에 있던 아내와 막내 마리아 솔이 깜짝 놀랐다. "됐어! 됐다고!"

외할머니를 포함해 온 가족이 저녁 식탁에 둘러앉아 아버지가 얼른 설명해주기만을 초조하게 기다렸다. 마티아스와 로드리고, 레오, 막내 마리아 솔이 한쪽에 나란히 앉고 반대편에는 어른들이 앉았다. 아버지가 헛기침을 했다. 뭔가 기분 좋은 이야기를 꺼내려는 신호였다.

"얼른 말해요!" 엄마가 다그쳤다.

"사회보장재단에서 레오의 치료비를 일부 지원해주기로 했어!" 아버지가 말했다.

엄마만 빼고 모두 환호했다. "일부라고요? 그게 얼만데요?"

"끝까지 들어봐, 여보." 아버지가 엄마를 달랬다. "그리고 나머지는 우리 회사에서 내주겠대!"

셀리아는 마침내 안심했고 모두들 한 번 더 환호했다. 하지만 이번에는 레오가 조용했다. 레오는 조용히 눈을 감고 하나님에게 감사드렸다.

CHAPTER 8

축구에 대한 뜨거운 열정

레오는 거실 소파에 앉아 다리에 주사를 놓았다. 마티아스와 로드리고는 충격을 받은 얼굴로 옆에서 동생을 지켜보았다. "난 못할 것 같아." 마티아스가 말했다.

"넌 미쳤어, 레오." 로드리고도 한마디 했다.

레오가 씩 웃었다. "간단해. 키만 클 수 있다면 형들도 다 할걸!"

"난 이미 큰걸. 그리고 난 주삿바늘이 싫단 말이야." 로드리고가 말했다.

"겁쟁이." 주사를 다 놓은 레오는 능숙하게 모든 물건을 특수 봉지에 집어넣고 밀봉했다.

마티아스와 로드리고는 축구 가방을 들고 문으로 달려갔다. "필드에서 보자. 늦지 마. 오늘 중요한 경기가 기다리고 있으니까." 마티아스가 말했다.

레오가 성장호르몬결핍증 치료를 시작한 지 일주일 째였다. 슈와르츠슈타인 박사가 알려준 대로 레오는 매일 직접 주사를 놓았다. 다른 선수들만큼 클 수만 있다면 잠깐 따끔한 정도는 충분히 참을 수 있다고 생각했다.

그 후 2년 동안 레오는 뉴웰스 올드 보이스가 매 경기마다 승리를 거듭하고 우승 트로피를 몇 번이나 거머쥐는 데 가장 큰 역할을 했다. 외할머니는 경기 때마다 매일 같은 자리에 앉아서 지켜보았다. 어느 날 아침 레오는 눈을 뜨자마자 몸이 좋지 않았다. 학교에 가기 싫어서 부리는 꾀병이 아니었다. 속이 뒤틀릴 정도로 아파서 침대에서 일어나기도 힘들 정도였다. 평소 같으면 눈을 뜨자마자 침대에서 벌떡 일어나 자는 도중에 키가 컸나 보려고 키를 재러 가던 레오였지만 이날은 일어나지도 못하고 끙끙 앓는 소리만 냈다.

체온계를 들고 달려온 엄마는 아무 말도 하지 않고 레오의 입

안에 체온계를 물렸다. 잠시 후 확인해보니 무려 38.3도였다. 정말로 열이 펄펄 끓었다. "오늘은 집에 있어." 엄마가 방을 나서며 말했다. "수프를 만들어주마."

"안 돼요, 엄마!" 레오는 힘이 하나도 없는 목소리로 외쳤다. "오늘 집에 있으면 안 돼요!"

엄마는 문가에서 천천히 돌아섰다. 방금 아들의 말에 그저 기가 막혔다. "어디 한 번 맞혀볼까. 오늘은 토요일이라 학교에 안 가는 날이지만 아무리 아파도 집안에 있기가 싫겠지." 엄마는 얼굴을 찡그리며 말했다.

"오늘은 결승전이 있는 날이란 말이에요." 레오는 침대에서 일어나려고 했다.

엄마는 팔짱을 낀 채로 한동안 아들을 째려보았다. 그것은 엄마가 싸움에서 질 것 같을 때 항상 취하는 자세였다. 이는 온 가족 모두가 아는 사실이었다. 아이들은 엄마가 그런 자세로 나오면 자신들이 원하는 대로 할 수 있게 된다는 신호임을 알았다. "결승전이라고!" 엄마는 어이없다는 듯이 양손을 허공에 휘젓고는 나가버렸다.

잠시 후 레오는 베키오 감독 앞에 서 있었다. 두 사람은 모두

한동안 말이 없었다. "감독님, 저 옷 갈아입어야 돼요." 레오가 쉰 목소리로 말했다.

"글쎄다, 레오. 상태가 안 좋아 보이는데." 베키오 감독은 잠시 생각에 잠긴 듯하더니 레오의 이마에 손을 가져갔다. 불덩이였다. 그는 힘든 결정을 내려야만 했다. 고민하던 그가 마침내 말했다. "미안하지만 넌 진짜 아픈 게 맞다."

"솔직히 별로 안 아파요." 레오가 기침을 하면서 애타게 말했다. "아, 맞다! 제가 상대팀 선수랑 부딪혀서 병을 옮길게요!"

베키오 감독은 웃음을 터뜨리면서 레오의 등을 찰싹 때렸다. 그 순간 레오는 감독이 자신을 경기에 내보내 줄 것이라고 생각했다. 그러나 감독의 입에서 나온 말은 레오를 실망시켰다.

"안 돼."

레오는 풀이 죽어 고개를 숙인 채 땅에 발길질을 하면서 자신의 운명을 받아들였다. 사이드라인에서 경기를 지켜볼 수밖에 없었다.

경기가 시작된 지 10분 만에 상대팀이 골을 넣었다. 뉴웰스가 1대 0으로 지고 있었다. 레오는 간절한 눈빛으로 감독을 바라보았지만 감독은 잠시 후 고개를 저었다. 또 10분이 지나는 동안 상대팀은 세 번이나 슛을 날렸는데 뉴웰스는 단 한 번도 공격 기회를 얻지 못했다. 베키오 감독은 더 이상 견딜 수 없었다. 그는 레오를 보면서 "지금은 좀 어떠냐, 벼룩?"이라고 물었다.

레오는 뭐라고 답해야 할지 알고 있었다. "쉬게 해주셔서 감사해요, 감독님. 컨디션이 아주 좋아졌어요!"

베키오 감독은 레오를 살핀 후 고개를 끄덕이고는 카드에 뭔가를 적었다. 주심에게 신호를 보내자 주심이 다가왔다. "선수 교체입니다." 감독은 이렇게 말하고 주심에게 카드를 건넸다. 다음번에 경기가 중단되었을 때 주심은 카드를 보고 고개를 끄덕이고는 선수 교체를 허락했다. 포워드가 나오고 레오가 들어갔다.

베키오 감독은 레오를 향해 소리치기 시작했다. "너무……"

그러나 레오는 벌써 저만치 필드로 달려간 후였다. "……무리하지 마라!"

필드로 나간 레오는 외할머니 쪽을 쳐다보며 활짝 웃었다. 그리고 10분 만에 2골을 넣어 뉴웰스의 승리를 이끌었다. 레오가 두 번째 골을 성공시키자 동료들은 레오에게 달려가서 번쩍 들어 올렸다. 레오는 공중으로 붕 뜬 순간 관중석을 쳐다보며 손을 흔들었다. 자리를 박차고 일어난 외할머니도 손자를 향해 마구 손을 흔들었다. 그 날 관중석에는 사람들이 무척 많았지만 레오는 멀리서 외할머니가 보내주는 응원의 힘을 느끼고 가슴이 따뜻해졌다.

 그런데 선수들이 레오를 바닥으로 내려주는 순간 외할머니는 배를 움켜잡고 기침을 했다. 물론 레오는 그 모습을 보지 못했다. 레오는 외할머니가 아프다는 사실을 전혀 알지 못했다. 외할머니는 가족들에게 병을 숨기려고 했다. 레오에게는 더욱 그랬다. 방금 우승 골을 넣은 손자에게 아픈 모습을 보여주는 것은 더더욱 안 될 일이었다. 외할머니는 자리에 앉아 심호흡을 했고 통증이 조금씩 가라앉았다.

CHAPTER 9

굿바이, 외할머니

레오는 축구 가방을 어깨에 걸치고 적재함이 낮은 트럭이 느릿느릿 지나가는 쪽으로 쌩 달려갔다. 서둘러 경기장으로 가야 할 때마다 트럭 같은 차를 얻어 타고 가곤 했다. 다음 골목에서 트럭 짐칸에 올라탄 레오는 딱딱한 나무판에 누워 파란 하늘을 쳐다보았다.

트럭이 말비나스 구장 앞에서 멈추자 레오는 뛰어내렸다. 그리고 흙길을 출발하는 운전기사에게 감사 인사를 했다. 그러고 나서 양쪽을 두리번거리고는 건너편으로 뛰어가 철문을 지나 뉴웰스 올드 보이스 라커룸으로 들어갔다.

필드는 여전히 축축하게 젖어있었지만 레오는 상관없었다. 가장 좋아하는 축구공을 발에 올려놓고는 땅에 닿지 않도록 저글링을 하며 무릎에서 머리 위로 올렸다가 발목 뒤쪽으로 받아 땅에 닿기 전에 가슴으로 올렸다. 그리고 관중석을 보면서 외할머니에게 손을 흔들었다. 그런데 외할머니가 보이지 않았다. 레오는 공을 잔디밭에 떨어뜨렸다. 외할머니가 자리를 옮겼을 거라는 생각에 관중석 좌우, 앞뒤로 다 살펴보았다. 그러나 빠짐없이 다 살펴보아도 외할머니는 보이지 않았다.

레오는 의아했지만 그래도 경기 전에 몸을 풀기 위해 공을 몰고 상대팀 골대 쪽으로 달려갔다. 그 때 뒤에서 그를 부르는 목소리가 들렸다. "레오!" 신티아가 그쪽으로 달려오는 게 아닌가! '쟤가 왜 저러지? 정신이 어떻게 됐나?' 레오는 점점 가까이 다가오는 신티아와 멀어지기 위해 전속력으로 달리기 시작했다. 신티아가 어디쯤 있나 뒤돌아보니 눈물로 뒤범벅이 된 얼굴이 보였다. 레오는 경기장 한가운데에 멈춰 섰다. 신티아가 달려와 귀에 무슨 말인가를 했다.

레오는 신티아의 손을 잡고 필드 바깥쪽으로 달려갔다. 두 사람은 선수들과 감독, 코치를 그냥 지나쳐 길거리로 나가 왼쪽으로 돌아서 곧장 집으로 달려갔다. 뉴웰스 올드 보이스 팀 전원은 어리둥절해했다.

몇 분 후 레오는 집안으로 들어갔고 상태가 심각하다는 사실을 알게 되었다. 거실에는 어른들이 잔뜩 있고 소파에 앉아 손수건으로 눈물을 훔치는 엄마에게 조용히 무슨 말을 하고 있었다. 누군가는 엄마의 손을 잡고 입맞춤을 했다. 엄마는 고개를 끄덕이며 눈물을 닦았다. 엄마는 레오를 보는 순간 황급히 손수건으로 눈을 가렸다. 그리고 잠시 후 손수건을 뗀 후 희미한 미소를 지으며 일어났다. 레오가 달려가자 엄마는 아들을 힘껏 껴안았다. "외할머니가 돌아가셨어, 레오. 외할머니는 천국에 가셨어."

레오는 어려서부터 늘 그랬듯이 엄마의 앞치마에 얼굴을 파묻었다. 우는 모습을 아무에게도 보여주고 싶지 않았다. 외할머니는 몸이 아픈 지 꽤 오래 되었는데도 레오의 경기를 한 번도 빠지지 않고 보러 왔던 것이었다. 레오는 가슴이 아팠다. 지금까지 느꼈던 가장 큰 아픔은 길거리에서 자전거에 부딪혀 넘어졌을 때였다. 그 때보다 훨씬 더 아팠다. 눈을 감자 자신을 향해 미소 짓는 외할머니의 얼굴이 보였다. 레오는 외할머니가 첫 축구공을 사주었던 일, 언제나 자신의 편을 들어주었던 일, 아파리시오 감독을 설득해 처음 축구팀에서 뛰게 해준 일, 기회를 줘보라고 뉴웰스 감독들을 설득했던 일 등이 떠올랐다. 중요한 순간마다 곁에 있어준 외할머니가 돌아가시다니 이제 어떻게 해야 할지 알 수 없었다. 과연 앞으로 외할머니 없이 살아갈 수 있을까. 레오가 엄마의 앞치마에 얼굴을 파묻고 있을 때 아버지가 다가와 두 사람을 모두 껴안았다. 그렇게 방 가운데에서 함께 울었다. 하지만 레오는 울지 않았다. 레오는 눈물을 꾹 참았다.

레오는 심호흡을 한 번 하고는 엄마와 아버지를 뒤로 하고 집 밖으로 뛰쳐나갔다. 한 번도 쉬지 않고 달려 언덕에 있는 자신만의 비밀 장소에 도착했다. 그리고 그곳에서 혼자 울었다. 신을 제외하고 아무도 보지 않는 그곳에서. 그는 외할머니에게 말을 건넸다.

몇 분 후 누군가 오는 소리가 들렸다. 레오는 급하게 셔츠로 얼굴을 닦았다. 절대로 우는 모습을 들키고 싶지 않았다. 하지만 엄마도 아버지도 아닌 신티아였다. "여기 있을 줄 알았어." 신티아가 조용히 말했다.

레오는 안도하며 신티아에게 기댔다. 신티아는 레오를 안아주었다. "네가 여기 올 줄은 몰랐어, 신티아."

"네가 우는 건 처음 본다." 신티아는 이렇게 말하며 레오를 달랬다.

"예전에도 본 적 있잖아. 우리가 어릴 때 나란히 누워 있으면 엄마들이 기저귀를 갈아줬으니까." 레오가 말했다.

신티아는 깔깔거리며 웃었지만 곧 슬픈 일을 기억해내고는 부끄러운 듯 말했다. "미안해."

"외할머니는 지금 천국에 계셔." 레오는 가슴에 십자 모양을 긋더니 양쪽에 손가락을 하나씩 세우고 파란 하늘을 향해 높이 치켜들었다.

"그게 뭐야?" 레오가 물었다.

"내 다음 목표야. 외할머니를 위한 거야." 레오가 대답했다. "난 이제 괜찮아. 돌아가자."

신티아는 고개를 끄덕였다. 두 사람은 함께 언덕을 내려가 레오의 집으로 돌아갔다.

레오가 안으로 들어가 보니 수많은 친척과 친구들, 이웃들이 있었지만 엄마와 아버지는 보이지 않았다. 방마다 전부 찾아보았더니 엄마와 아버지는 자신들의 방 침대에 나란히 앉아있었다. 방으로 들어가 가운데에 비집고 앉아 아버지에게 몸을 기댔다. 엄마는 사회보장재단에서 온 뜯긴 편지봉투를 들고 있었다.

"2.5센티미터가 또 자랐어요." 레오가 분위기를 밝게 띄우려고 말했다.

엄마는 또 다시 흐느껴 울기 시작했다. "엄마가 돌아가신 것도 힘든데 이런 일까지……" 엄마는 봉투를 흔들었다.

"그게 뭐예요?" 레오는 혹시나 최악의 상황일까 봐 두려워하며 물었다.

아버지가 엄마의 손에 들린 봉투를 레오에게 주었다. "우리 회사하고 재단에서 더 이상 네 치료비를 지원해줄 수 없다는구나."

"괜히 애한테 그런 말 하지 말아요." 엄마가 레오의 손을 꽉 쥐었다.

"그럼 저는 더 이상 키가 못 크는 거예요?"

엄마는 아버지를 쳐다본 후 앞치마로 눈물을 닦았다. "그렇지 않아." 엄마의 목소리는 단호했다. "아버지랑 엄마가 네 치료비를 다른 방법으로 구해보면 돼. 그렇죠, 여보?" 엄마가 아버지를 쳐다보았다.

아버지는 양손으로 엄마의 얼굴을 감싸며 대답했다.

"물론이지."

CHAPTER 10

치료비를 지원해줄 팀을 찾아서

레오와 마티아스, 로드리고, 막내 마리아 솔까지 전부 문 뒤에 숨어 엄마와 아버지가 식탁에서 나누는 대화를 엿들었다. "꼭 가야 한다면 나 혼자 가겠소." 아버지가 말했다.

"사회보장재단이 지원을 못해주겠다는데 과연 뉴웰스가 도와주겠다고 할까요?" 엄마의 목소리에는 의구심이 가득했다.

"모르지. 하지만 가서 알아봐야지." 아버지가 엄마의 손을 잡으며 덧붙였다. "한 가지는 확실해. 우린 지금 포기하면 안 돼."

레오는 형들과 동생에 둘러싸인 채 벽에 기대어 털썩 주저앉아 한숨을 내쉬었다. 엄마와 아버지 사이에는 긴 침묵이 이어졌다. 땀이 레오의 이마를 타고 흘렀고 눈시울이 뜨거워졌다. "내

잘못이 아니잖아!" 레오가 혼잣말로 중얼거렸다.

미티아스가 레오의 머리를 살짝 쳤다. "그만해. 누구 잘못도 아니야. 아빠가 해결해주실 거야."

바로 다음 날 레오의 아버지와 엄마는 뉴웰스 올드 보이스 회장의 사무실에 앉아 있었다. 엄마는 벌써부터 눈가에 눈물이 맺혔고 아버지는 말을 꺼낼 준비가 되어 있었다. 그때 회장이 들어왔다. 아버지는 자리에서 일어나 심호흡을 했다.

희끗희끗한 수염이 난 회장은 키는 보통이고 까만색 양복과 넥타이 차림이었다.

"메시 씨, 메시 부인, 반갑습니다." 회장은 마치 먼지를 털어내기라도 하듯 손짓하며 말했다. "메시 씨, 어서 앉으세요."

회장은 아버지가 내민 손을 잡고 흔들었다. 아버지는 아직 앉지 않은 상태였다. 회장이 기다리다가 말했다. "앉으세요, 메시 씨. 왜 오셨는지 압니다."

"아신다고요?" 아버지가 천천히 의자에 앉으며 물었다. 아버지는 회장이라는 사람이 과연 좋은 사람인지 알 수 없었다. 아들이 뉴웰스 올드 보이스에서 뛰는 동안 회장을 만나본 적은 없었다. 어쨌든 아버지가 어린 시절 뉴웰스에서 뛸 때 회장이었던 사람과는 전혀 달라 보였다.

아버지가 앉자 회장도 앉았다. "당연히 알고 있지요. 우리 선수들에 대한 건 뭐든지 알고 있습니다. 레오의 병원 치료비가 감당하실 만한 수준이 아니고 아버님의 회사에서 지원을 그만두겠다고 한 것도 알고 있습니다."

"그런 개인적인 일까지 다 알고 계신다니 놀랍군요." 아버지가 말했다.

"제 일이니까요. 우리 클럽 모두가 행복해지는 게 제 일이죠. 선수들뿐만 아니라 가족들까지요."

셀리아는 남편의 손을 꽉 잡았다.

"우리는 레오가 큰 가능성을 가진 선수라고 생각합니다." 회장은 자리에서 일어나 책상 끄트머리에 걸터앉았다. "우리도 도움을 드리고 싶습니다."

아버지는 의자 뒤쪽으로 등을 바짝 기대며 안도의 숨을 내쉬었다. 엄마가 손을 너무 꽉 쥐는 바람에 아버지는 아파서 얼굴을 찡그렸다.

회장도 일어났고 엄마와 아버지도 일어났다. "레오의 치료비 절반을 어떻게든 마련하신다면 뉴웰스가 나머지 절반을 부담하겠습니다."

그 말과 함께 기쁨이 두 동강 났고 곧 희미하게 사라졌다.

"절반이라고요." 엄마는 머릿속으로 계산을 해보았다. 그러면 적어도 한 달에 500달러를 도와주겠다는 이야기였다. 호르몬 주사 두 대에 한 대 꼴이었다.

엄마가 뭐라고 하기도 전에 아버지가 덥석 말했다. "고맙게 받겠습니다."

회장과 아버지는 다시 악수를 했다. 회장은 곧 다시 자세한 이야기를 할 것이고 돈을 보내겠다고 했다. 엄마는 그저 감사한 마음뿐이었다.

처음 뉴웰스의 입금이 늦었을 때 엄마와 아버지는 별다른 생각을 하지 않았다. 하지만 시간이 지날수록 점점 늦어지더니 마침내 완전히 끊겼다. 레오의 치료비를 마련할 방법이 전혀 없을 때로 돌아갔다. 또 위기가 찾아왔다.

아버지와 엄마는 또다시 식탁에 마주보고 앉았다. 레오와 아이들은 방문에서 부모님의 대화를 엿들었다. 아버지와 엄마는 뉴웰스 올드 보이스가 레오의 치료비를 도와줄 수 없으면 도와줄 만한 팀을 찾아봐야한다고 생각했다. 모든 가능성을 살펴볼 때까지 절대로 포기하지 않기로 다짐했다. 아버지는 레오가 프로 선수가 될 만한 실력을 갖추었다고 믿었다. 그렇다면 이제 남은 방법은 단 하나, 아르헨티나에서 가장 뛰어난 팀을 찾아가는 것이었다. 그 날 밤 셀리아는 남편과 아들의 짐을 챙겼다. 다음 날 아버지는 레오를 데리고 부에노스아이레스로 갈 계획이었다.

CHAPTER 11

클럽 아틀레티코 리베르 플라테

레오와 아버지는 집 건너편 모퉁이에 서서 버스를 기다렸다. 부에노스아이레스로 가는 버스는 5분 늦게 도착했다. 부자는 여행을 위해 한껏 차려입었다. 레오는 빳빳한 셔츠 칼라가 답답해서 자꾸만 목을 꼼지락거렸다. 정장 바지와 하얀색 와이셔츠에 넥타이 차림의 아버지 역시 칼라를 자꾸만 잡아당겼다.

부에노스아이레스까지는 버스로 4시간 거리였다. 버스 좌석의 비닐이 찢어져 주황색과 회색, 노란색 테이프로 붙여놓은 바람에 레오의 다리에 계속 테이프가 달라붙었다. 낡은 버스라서 창문이 절반 정도 열린 채 꽉 껴서 움직이지 않았다. 아무리 힘을 주어도 닫히지 않았다. 아버지와 아들은 몇 시간 동안 도로에서 들어오는 매연에 숨이 막혔다. 더 이상 참지 못한 아버지가 코트를 반쯤 열린 창문 틈에 쑤셔 넣었다.

버스가 프레지덴테 피게로아 알코르타 대로에 위치한 역에 도착하자 옅은 안개 속에 가려져 있던 부에노스아이레스가 툭 튀어나왔다. 멀지 않은 곳에 부에노스아이레스에서 가장 큰 축구장인 리베르 플라테 스타디움River Plate Stadium이 있었다. 도시 전경이 내려다보이는 낮은 언덕에 위치한 그곳은 마치 엄마가 쓰는 오목한 그릇들을 포개어놓은 모습 같았다. 아버지와 레오는 버스 정류장에서 택시로 갈아타고 경기장에 갈 예정이었다.

레오는 택시 뒷좌석에 올라타자마자 창문에 코를 갖다 대고 빠르게 지나가는 경기장을 쳐다보았다. "안 내려요?" 레오가 물었다.

"테스트 구장은 바로 다음 구역에 있단다." 택시기사가 말했다. 레오는 실망한 듯 제자리에 앉았다. 가브리엘 바티스투타Gabriel Batistuta와 에르난 크레스포Hernan Crespo 같은 선수가 멋진 골을 잔뜩 기록한 곳으로 유명한 리베르 플라테 홈구장에서 뛰고 싶었는데. 아버지는 아들의 실망스러운 표정을 눈치 채고 어깨를 툭 쳤다. "레오, 금방 저 구장에 가게 될 거다."

"팬인가 봐요?" 택시기사가 물었다.

아버지와 레오는 서로를 쳐다보았다.

"우리는 로사리오 출신이에요." 아버지가 말했다.

"아! 레퍼스 팬이군요!" 택시기사가 웃었다.

"괴로우시겠습니다."

"모르는 사람한테는 가족에 대한 불평을 하지 않는 법이지요."

아버지는 이렇게 말하고 택시기사와 함께 웃음을 터뜨렸다.

리베르 플라테 스타디움 근처에 있는 훈련장은 레오가 지금까지 본 구장 중에서 가장 훌륭했다. 초록색 잔디는 말끔하게 정리되어 있었고 라인에도 흠 하나 없었으며 골네트도 선수 엄마들이 여러 가지 색깔의 실로 꿰매놓은 것이 아니라 완벽했다. 레오는 문을 지나 필드로 가면서 무척 설렛다. 가장 먼저 눈에 들어온 것은 유소년 팀에 지원하려는 수많은 소년들이 줄지어 선 모습이었다. 레오는 맨 뒤에 서서 참을성 있게 기다렸다.

아버지는 아들에게로 좀 더 가까이 가고 싶었지만 울타리 바깥쪽에 있어야 했다. 그는 레오가 맨 뒤에 선 것을 보고는 울타리에 얼굴을 바짝 갖다 댔다. 코치들은 레오를 전혀 신경 쓰지 않았다. 아버지는 아들이 뒤처지는 것을 원하지 않았다. 그래서 레오 쪽을 향해 양손을 마구 흔들었다.

한편 울타리 너머 중앙선에 있던 레오는 아버지가 정신 나간 사람처럼 마구 손을 흔드는 모습을 보았다. 레오는 창피해서 얼른 고개를 돌렸지만 속으로는 미소를 지었다.

선발 테스트가 진행되었다. 모든 선수들의 가슴에는 번호가 적힌 커다란 종이가 클립으로 고정되어 있었다. 두 팀이 꾸려졌는데 옐로 팀 대 레드 팀이었다. 호명되기를 기다리는 아이들이 70명은 되어 보였다. 코치들은 선수들을 따라다니며 뭔가를 적었다. 각 선수에게는 실력을 증명해보일 수 있는 5분의 시간이 주어졌다. 가장 높은 점수는 10점이었고 5분이 지나면 끝이었다. 레오는 자신의 차례가 오기를 참을성 있게 기다렸다. 기다림은 힘들었지만 어서 빨리 차례가 와서 공을 차고 싶은 마음도 컸다.

마침내 코치 한 명이 레오와 여러 선수들을 가리키며 필드로 들어가라고 했다.

아버지가 울타리 건너편에서 뭐라고 소리쳤다. 공을 차지하고 있는 선수들 가까이로 가라는 것이었다. 처음에 레오는 갈팡질

팡하는 듯했다. 그러다 아버지를 쳐다보았다. 그러고는 즉시 놀라운 속도로 달려갔다. 상대 선수의 공을 빼앗아 골대를 향해 돌진했다. 몇 명이나 되는 선수들을 제치고 왼발로 바나나킥을 날렸다. 공은 막으려고 뛰어든 골키퍼를 지나쳐 네트를 갈랐다.

아버지는 안도의 한숨을 내쉬었다.

리베르 플라테 코치들은 레오의 플레이를 처음부터 끝까지 지켜보았다. 그들은 레오를 10분간 더 뛰게 했다. 레오는 10분 동안 2골을 더 넣었고 도움 1개까지 기록했다.

코치는 레오에게 퇴장하라고 말하면서 미소를 지었다. 레오는 다른 아이들과 함께 사이드라인에 앉았다. 선발 테스트가 끝나고 5명이 호명되었다. 레오도 그 중 한 명이었다.

"부모님이랑 같이 왔니?" 코치 한 명이 부드럽게 물었다.

"저기 아버지가 계세요." 레오가 아버지를 가리키며 대답했다.

코치와 아버지는 서로가 있는 쪽으로 걸어갔고 만나서 악수를 했다. "우리 클럽에 입단시키고 싶습니다. 리베르 플라테로 데려오세요." 코치는 이렇게 말하고 뒤돌아 남은 선수들에게로 갔다.

아버지의 가슴은 빠르게 방망이질 쳤다. 레오가 해낸 것이다.

아르헨티나 최고 팀의 테스트에 당당히 통과했다.

"뭐래요?" 레오가 물었다.

"널 입단시키고 싶다는구나." 아버지가 흥분감을 감추며 말했다.

레오는 웃었다. 스스로도 잘했고 코치들이 마음에 들어 한다는 것을 알았지만 자랑하고 싶지는 않았던 것이다.

"제가 뉴웰스 올드 보이스에서 뛴다고 말씀하셨어요?" 레오가 천진난만하게 물었다.

그러자 아버지의 표정이 갑자기 바뀌었다. 레오는 아버지를 쳐다보았다. "왜 그러세요?"

아버지는 리베르 플라테 선발 테스트에 등록하면서 레퍼스에 대한 언급을 하지 않았다. 뉴웰스가 순순히 레오를 놓아줄 리 없었다. 분명 언쟁이나 돈 요구가 있을 것이다. 아버지는 필드를 둘러보며 감독을 찾았다. 코치는 울타리문 근처에서 다른 선수들을 지켜보고 있었다. "여기서 기다려라, 레오." 아버지는 서둘러 코치에게로 걸어갔다.

"저, 감독님. 우리 아들은 뉴웰스 올드 보이스에서 뛰고 있습니다. 그리고……" 아버지가 망설였다.

그 말을 들은 코치는 별로 달가워하지 않았다.

"뉴웰스라고요? 계약을 했습니까?"

아버지가 머뭇거렸다. "네, 계약된 상태입니다."

"그럼 문제가 되겠군요." 코치가 아버지의 얼굴을 똑바로 쳐다보았다. "저 아이를 데려오려면 협상을 해야만 할 겁니다. 상대 클럽들은 언제나 큰돈을 원하죠."

"분명히 어느 선에서 협의가 가능할……"

감독이 아버지의 말을 막았다. "없던 얘기로 하죠." 그는 아버지에게 대충 고개를 까딱거렸다. "안녕히 가세요. 오늘 와주신 건 감사합니다만, 우린 저 선수에게 관심이 없습니다." 그는 고개를 휙 돌리더니 가버렸다.

아버지는 망연자실한 채로 코치의 뒷모습을 보고 서 있었다. 레오의 치료비를 지원받을 수 있는 마지막 기회까지 날아가 버린 것이다. 잠시 후 아버지는 마음을 추스르고 옆으로 달려온 아들을 쳐다보았다. "감독님이 뭐래요, 아빠?"

아버지는 아들에게 뭐라고 해야 좋을지 몰랐다. 눈을 감고 적당한 말이 떠오르기를 바랐다. "아들아, 넌 리베르 플라테에서 뛰지 않을 거다." 마침내 아버지가 레오에게 말했다. "앞으로 더 좋은 기회가 올 테니까."

"하지만 오늘 잘했는데." 레오가 눈물을 참으며 말했다. 뭐라고 말해야 할지, 어떻게 행동해야 할지 알 수 없었다. 갑자기 마음이 텅 빈 기분이 들어 외할머니가 이 자리에 있다면 얼마나 좋을까 싶었다. 외할머니라면 어떻게 해야 할지 아셨을 텐데.

"레오, 네 실력 때문이 아니야. 축구라는 사업 때문이다. 넌 테스트에서 아주 잘했어. 축구는 돈하고 연관되어 있거든." 아버지가 레오를 달랬다.

"이제 어떻게 해야 돼요?"

"아버지한테 맡겨라. 내가 알아서 하마. 넌 아무 걱정 말고 축구만 하면 돼. 방법이 생길 거다. 분명히 생길 거야." 그는 할 말을 생각하다가 덧붙였다. "그나저나 리베르 플라테에서 널 마음에 들어 했잖니! 그게 중요해. 넌 테스트를 통과했어. 리베르 플라테가 네 실력을 알아봤으니 다른 팀들도 그럴 거다." 아버지는 기분이 나아졌다. 자기가 한 말에 스스로 위안을 얻었다. 그는 아들에게 미소를 지었다.

레오는 아버지의 말에 대해 한참 생각해보았다. 아버지의 믿음이 레오의 마음도 편하게 해주었다. "아까도 컨디션이 괜찮았어요. 하지만 훨씬 더 잘할 수 있어요." 레오가 말했다.

"그래, 좋아." 아버지는 레오의 어깨에 팔을 두르고 함께 출구로 향했다. "그걸 끈기라고 하는 거다. 넌 잘하고 있어. 이제 집으로 가자."

아버지와 레오는 아틀레티코 리베르 플라테 훈련장을 빠져나갔다. 그들은 그 때 관중석에서 한 남자가 벌떡 일어나 공중전화기로 달려가 장거리 전화를 했다는 사실을 꿈에도 몰랐다.

CHAPTER 12

낯선 손님

"이제 어떡하죠?" 셀리아가 남편에게 따뜻한 커피를 따라주며 물었다. 평소 음식과 가족들로 가득한 식탁은 텅 비고 두 사람뿐이었다. 아버지는 부에노스아이레스에서 4시간 동안 버스를 타고 돌아오는 동안 한 숨도 자지 못했고 그저 후회뿐이었다.

아버지는 아들의 실력이 아무리 뛰어나도 아르헨티나에는 아들을 간절하게 원하는 팀이 없다는 사실을 깨달았다. 다른 해결책이 필요했지만 과연 어디서 찾아야 할까?

그 때 문 두드리는 소리가 들렸다.

"누가 오기로 했어요?" 셀리아가 남편에게 물었다.

"아니." 아버지가 일어섰다.

레오가 달려 나가 문을 열었다. 처음 보는 키 큰 남자가 서서 레오를 내려다보고 있었다. 표정은 단호하지만 눈빛은 상냥해 보였다. 말끔한 양복 차림이었다. 남자의 옷차림을 보자마자 다른 지역에서 온 사람이라는 것을 알 수 있었다. 로사리오의 뜨거운 날씨와는 어울리지 않는 차림이었다.

"네가 레오니?" 낯선 손님이 미소를 지으며 물었다. "너를 만나려고 먼 길을 왔단다."

낯선 손님은 자기소개를 하면서 악수를 청했다. "난 너와 너희 부모님을 만나려고 스페인 바르셀로나에서 왔지."

"바르셀로나라고요?" 아버지는 깜짝 놀라며 낯선 손님과 악수를 했다. 그리고 평범한 손님이 아니라는 사실을 깨달았다.

"그렇습니다. 저는 FC 바르셀로나 스카우터입니다." 그 남자가 답했다.

"바……바르샤라고요?" 레오는 말을 더듬었다.

그 남자는 웃으며 고개를 끄덕였다. "그렇단다, 레오. 바르샤라고 들어는 봤겠지?" 그가 농담을 했다.

레오도 그것이 농담이라는 것을 알았다. 로사리오에서 바르샤를 모르는 사람은 없었으니까.

"들어오세요." 셀리아가 말했다. "마실 거라도 드릴까요? 물, 레모네이드? 뭐로 드릴까요?"

그 남자는 집안으로 들어가 테이블 옆에 앉았다.

그 낯선 손님은 집에서 만든 레모네이드를 마신 후 커피와 함께 레오가 가장 좋아하는 쿠키, 알파호르를 먹었다. 그는 쿠키를 먹으면서 부에노스아이레스에서 누군가 레오를 본 후 FC 바르셀로나의 스카우터 호라시오 가지올리Horacio Gaggioli에게 전화를 걸었다고 설명했다. 가지올리는 바르샤에 수많은 축구 스타들을 영입한 바 있는 호세 마리아 밍구엘라Jose Maria Minguella에게 이 사실을 보고했고, FC 바르셀로나 회장 호안 가스파르트Joan Gaspart의 고문이었던 밍구엘라는 모두를 깜짝 놀라게 한 소년을 만나보라고 그를 대서양 건너 로사리오까지 보낸 것이었다. 그 남자의 임무는 바르샤에 새로운 인재를 스카우트하는 것이기 때문이었다. 스페인이 아닌 다른 나라에서 선수를 찾기 위해 스카우터를 보낸 것은 바르샤 역사상 처음 있는 일이었다.

"새로운 역사가 만들어질 겁니다." 그 남자가 달콤한 쿠키를 먹으면서 말했다.

메시 가족에게는 바르셀로나에서 약 120킬로미터 떨어진 산

악 지대에 위치한 레리다에 사는 친척이 있었다. 그렇기 때문에 바르샤 관계자들은 스페인 정부가 외국인인 레오의 영입을 문제 삼지 않을 것이라고 생각했다.

셀리아는 갑작스러운 상황에 정신을 차릴 수 없었다. "레오는 바르셀로나에 가기에는 너무 어려요."

그 남자는 바르셀로나 FC 아카데미 라 마시아La Masia에 대해 설명해주면서 셀리아를 안심시켰다. 라 마시아는 바르샤의 홈구장 캄프 누Camp Nou 건너편에 위치한 거대하고 오래된 농가 건물로 스페인 전역에서 온 축구 영재들이 수업을 받는 학교였다. 그곳 학생들은 쉬는 시간에는 FC 바르셀로나의 훌륭한 코칭스태프들로부터 축구도 배웠다. "최고의 학교 교육과 축구 공부가 한곳에서 이루어집니다. 가치와 매너를 배우고 나중에 훌륭한 축구 선수가 될 수 있는 기초를 닦는 곳이죠." 그 남자가 말했다.

"가족들은 같이 갈 수가 없을 텐데. 우리 가족은 떨어져 지낸 적이 한 번도 없어요." 셀리아가 남편과 아이들을 보며 말했다. 아직 어린 막내 마리아 솔은 유아용 의자에 앉아 어른들의 이야기에는 아랑곳하지 않고 여기저기 음식을 흘리며 먹고 있었다.

"외할머니의 꿈이었잖아요." 레오가 말했다.

갑자기 침묵이 흘렀다. 그 남자는 레오를 유심히 쳐다보았다. "알려드릴 것이 하나 더 있습니다." 마지막을 위해 가장 좋은 소식을 남겨둔 그 남자가 입을 열었다. "레오가 라 마시아에 입학하면 치료비 전액을 저희가 부담할 겁니다."

거실 전체에 침묵이 맴돌았다. 모두들 숨조차 멈춘 것 같았다.

"어떻게 생각하십니까, 메시 씨?" 잠시 후 그 남자가 물었다.

호르헤는 미소를 지었다. "기적이라고 할 수밖에 없군요."

그 남자의 얼굴에 환한 미소가 퍼졌다.

"하지만 우리 가족이 바르셀로나로 가면 제가 무슨 수로 돈을 벌겠습니까? 가족을 먹여 살려야 하는데."

그 남자는 그런 질문이 나올 줄 알았다는 듯이 고개를 끄덕이며 대답했다. "클럽에서 취직을 도와드릴 겁니다. 메시 씨, 바르샤는 무엇이든 가능하게 만드는 클럽입니다."

30분 후, 그 남자는 거실 소파에 앉아서 귀에 전화기를 대고 있었다.

호세 마리아 밍구엘라는 신호가 한 번 가자마자 전화를 받았다. 바르셀로나 시간으로는 아침이었는데 그는 스카우터의 전화를 계속 기다리던 참이었다. 밍구엘라는 스카우터에게 인사를 건넨 후 올림픽 때문에 호주에 가 있는 바르샤의 카를레스 렉사흐Charly Rexach 기술 감독에게 콘퍼런스 콜을 연결시켰다. 서로 다른 대륙에 있는 세 남자가 아르헨티나 로사리오의 소년에 대해 이야기를 나누었다. 렉사흐가 있는 곳은 밍구엘라가 있는 곳과 정반대로 한밤중이어서 그는 자고 싶을 뿐이었다.

"그 선수가 몇 살이지?" 렉사흐가 피곤한 목소리로 물었다.

"12살입니다." 스카우터가 말했다.

"18살짜리 선수를 알아봐달라고 했는데."

"리오넬 메시는 18살짜리보다 더 잘합니다." 스카우터가 재빨리 대꾸했다.

"그게 정말인가, 밍구엘라?"

"테이프를 보니 출중하기는 하더군요." 밍구엘라가 곧바로 답했다.

렉사흐는 창밖으로 동이 트는 모습을 보고 한숨을 내쉬었다. "그럼 2주 후에 바르셀로나에서 그 선수를 보도록 하지."

"고맙습니다!" 스카우터는 기뻐서 큰 소리로 외쳤다. 그는 출근 시간이 된 밍구엘라에게도 작별 인사를 건넸다.

"올바른 선택이길 바라는 게 좋을 거야." 렉사흐 기술 감독은 이 말과 함께 전화를 끊었다.

스카우터는 전화기를 내려놓으며 의기양양한 미소를 지었다. "걱정 붙들어 매시라니까요."

CHAPTER 13

아르헨티나를 떠나다

레오는 창문에 코를 박고 저 아래로 펼쳐진 아르헨티나의 풍경이 마치 체스판 같다고 생각했다.

로사리오의 집에서 너무 멀어지고 싶지 않은 레오에게 이번 여행은 그리 간단한 일이 아니었다. 아르헨티나의 해안가가 더 이상 보이지 않게 되자 레오는 초조해졌다. 의자를 쭉 펴고 마음을 차분하게 가라앉히려고 미소도 지어 보았다.

아르헨티나에서 스페인 바르셀로나까지는 비행기로 15시간이나 걸렸다. 레오는 영화를 보려고 했지만 바르샤에서 뛰는 생각밖에 나지 않았다. 옆자리의 아버지는 깊이 잠들어 있었다. 레오는 비행기 앞쪽으로 걸어갔다. 승무원 몇 명이 바쁘게 그릇을

챙기고 있었다. "필요한 게 있으면 언제든지 말하라고 하셨죠?"

"물론이지. 뭐가 필요하니?" 승무원이 물었다.

"영화 〈베이비 데이 아웃〉을 보고 싶어요."

승무원들은 서로를 쳐다보았다. 그 중 남자 승무원이 재미있다는 표정으로 말했다. "〈베이비 데이 아웃〉이 아니라 〈다이 하드〉인 줄 알았어."

"제가 제일 좋아하는 영화에요. 집밖으로 몰래 빠져나간 아기가 대도시에서 온갖 모험을 하는 이야기에요. 아기가 그렇게 멋진 일을 할 수 있으리라고 아무도 상상하지 못했을 거예요."

"그 아기도 상상하지 못했을걸." 한 승무원의 말에 모두가 웃음을 터뜨렸다.

15시간 후, 레오와 아버지는 공항에서 택시를 타고 호텔로 향했다. 바르셀로나의 중심부를 통과해 곧바로 캄프 누 경기장 근처의 호텔로 갔다. 레오는 20분 동안 내내 창문에 얼굴을 대고 경이로운 표정으로 바르셀로나의 고층건물을 쳐다보았다. 이렇게 큰 도시는 처음이었다.

이틀 후, 호텔에만 갇혀 있던 레오는 갑갑해 견딜 수가 없었다.

레오와 아버지는 이틀 동안 식사할 때나 메시지를 확인할 때만 엘리베이터를 타고 내려갔을 뿐, 8층 호텔방에만 있어야 했다. 하지만 아무도 오지 않았다. 캄프 누가 바로 옆에 있다는 사실이 레오를 애타게 만들었다. 어서 빨리 캄프 누를 보고 싶었다. 하지만 아버지는 클럽에서 언제 연락이 올지 모르니 방에 붙어 있어야 한다고 했다.

하지만 더 이상 기다릴 수 없었던 레오는 공을 들고 방을 빠져나갔다. 복도를 빠르게 달려 엘리베이터로 향했다.

CHAPTER 14

무지개의 끝에는

1층에 도착해 엘리베이터 문이 활짝 열리자 레오는 사방을 두리번거렸다. 들킬 위험은 없어 보였다. 호텔 정문으로 다가가자 문이 자동으로 열렸다. 잠시 후 레오는 호텔 밖의 사비노 아라나 거리에 서 있었다. 조용한 호텔방과 달리 거리에는 자가용과 트럭, 버스, 오토바이 소리가 교향곡처럼 울려 퍼졌고 바로 앞쪽 도로에는 차들이 쉴 새 없이 오갔다. 오른쪽으로 저 멀리 캄프 누 경기장이 보였다. 지금까지 본 것 중에 가장 크고 높은 경기장이었다. 레오는 축구공을 바닥에 놓고 발로 찼다. 지나가는 사람들을 요리조리 피해 좌우로 드리블하고 도로가에 쭉 늘어선 나무에 찼다가 도로 받기도 하면서 전속력으로 인도를 달려갔다.

캄프 누에 도착하자 모든 게이트가 잠겨 있었다. 예상한 일이었다. 위쪽을 쳐다보니 기념품 가게가 보였다. 관광객들은 그곳에서 기념품도 사고 창문을 통해 경기장도 구경했다. 레오는 뒷주머니에서 접힌 종이쪽지를 꺼냈다. 경기장 지도였다. 지도를 골똘히 살핀 후 주머니에 집어넣었다. 거의 다 왔다. 레오는 다시 공을 차면서 기념품 가게로 들어가는 관광객들을 요리조리 피하며 나아갔다. 기념품 가게가 시야에서 사라지고 다음 모퉁이에 가까워지자 멈추었다. 관계자들만 드나드는 출입구가 보였다. 사진하고 똑같다고 레오는 생각했다. 그는 그곳에서 계속 기다렸다. 10분이 지나자 윙 하는 소리가 작게 들려왔다. 소리가 점점 가까워지더니 출입구가 활짝 열리고 한 남자가 상자가 가득 실린 카트를 끌고 문을 지나 기념품 가게 쪽으로 갔다. 울타리에 바짝 붙어 있던 레오는 카트가 좌회전하자마자 왼쪽으로 몸을 홱 돌렸다. 그와 동시에 문이 자동으로 닫혔다. 경기장 안으로 들어가는 데 성공했다!

바로 눈앞에 캄프 누 경기장이 펼쳐져 있었다. 관중석은 거대했고 하늘에 닿을 것처럼 높았다. 관중석에서 빗질하는 관리인 몇 명을 제외하고 경기장은 텅 비어 있었다. 레오의 눈에는 그들이 개미처럼 작게 보였다. 세상에서 가장 큰 경기장인 이곳에 직접 와보는 것이 꿈이었는데 이렇게 캄프 누를 직접 보고 있다니. 레오는 공을 들고 조심스럽고 정중하게 경기장 안으로 들어갔다. 가장 가까운 사이드라인 쪽으로 다가갔지만 감히 사이드라인 안으로 들어갈 용기가 나지 않았다. 캄프 누에서 뛸 수 있는 영광스러운 자격을 스스로 얻은 선수만이 이곳에서 뛸 수 있다고 레오는 생각했다. 아직 그는 바르샤로부터 연락도 받지 못한 상태였으므로 여기서 공을 찰 수는 없었다. 게다가 레오는 경기장을 보러 온 것이 아니었다. 다른 계획이 있었다.

레오는 어디로 가야 하는지 알고 있었다. 지도를 볼 필요도 없었다. 레오는 필드를 돌아 반대편에 있는 터널로 들어갔다. 그리고 터널 밖으로 나가자마자 멈추었다.

바로 눈앞에 또 다른 축구장이 펼쳐졌는데 캄프 누 경기장보다 훨씬 작았다. 후안 13 거리와 라 마테르니타트 거리 사이에 자리 잡은 소형 축구장 너머에 레오가 찾는 곳이 있었다. 레오는 낡은 건물을 보자마자 곧바로 알아보았다. "라 마시아다!" 점점 다가가면서 레오가 중얼거렸다.

레오는 라 마시아에 대한 것이라면 전부 알고 있었다. 라 마시아는 무려 1702년에 지어졌는데, 당시 군 기지였던 캄프 누를 지은 건축가들의 숙소로 사용될 목적이었다. 캄프 누가 FC 바르셀로나의 홈구장이 되자 라 마시아는 유소년팀 선수들을 위한 숙소로 변신했다. 하지만 레오가 라 마시아에 대해 모르는 한 가지가 있었다. 안이 어떻게 생겼는지는 몰랐다.

레오가 나무로 된 커다란 문으로 다가간 순간 갑자기 문이 열리더니 또래 선수 한 명이 나타났다. 그리고 몇 살 더 많아 보이는 두 명이 곧바로 따라 나왔다.

레오는 그 자리에서 얼어버렸다. 도망치고 싶었다. 하지만 그러기도 전에 가장 먼저 나온 소년이 레오를 무섭게 노려보면서 물었다. "너 여기서 뭐하는 거야?"

레오는 불안해하며 아르헨티나 억양이 섞인 스페인어로 길거리에 있다가 관계자들이 지나는 문을 통해 들어왔다고 말했다. 그는 아르헨티나어로 거리를 뜻하는 'portrero'라는 단어를 썼는데 카탈로니아어로는 골키퍼를 뜻하는 'porter'와 비슷하게 들린 모양이었다. 소년들은 "골키퍼를 통해서 들어왔다고?"라며 웃음을 터뜨렸다. 그들은 한동안 더 웃더니 레오에게 다가갔다. "널 쫓아내야겠는걸." 왼쪽의 키 큰 선수가 말했다.

레오는 그 선수가 다음 말을 할 때까지 기다리지 않았다. 휙 뒤돌아 짧은 경사로를 향해 내달렸다. 세 소년은 도망치는 레오를 보고 다시 웃음을 터뜨렸다. 피케Pique라는 이름의 소년이 레오 또래의 세 번째 소년에게 말했다. "들어가서 점심이나 마저 먹자, 세스크Cesc." 소년들은 라 마시아 안으로 돌아갔다.

레오는 출입구까지 쉬지 않고 달려가 아스팔트 위의 센서를 밟았고 문이 자동으로 열리자 쏜살같이 빠져나갔다. 사비노 아라나 거리에 이르자 한숨도 쉬지 않고 호텔로 달려갔다.

아버지는 아들이 들려주는 이야기를 의자에 앉아 넋을 빼놓고 들었다. 그는 레오에게 소년들의 키며 입고 있던 유니폼 색깔까지 전부 다 물어보았다. 레오는 방 한가운데에 서서 소년들에 대해 설명했다. 아버지는 고개를 내저으며 감탄했다. "정말 멋진 하루를 보냈구나!"라고 말하며 아들을 꽉 껴안았다. "라 마시아 안에 들어가 보지 못했다니 아쉽구나!"

"언젠가는 꼭 들어갈 거예요, 아빠. 언젠가는." 레오가 말했다.

기다림

호르헤는 화를 내며 여행 가방에 옷을 던져 넣었다. "이 사람들이 이렇게 나오다니." 그는 마지막 바지를 가방에 던져넣고 여행 가방을 거칠게 닫고는 위에 깔고 앉아서 지퍼를 닫았다.

레오도 슬픈 표정으로 서랍에서 옷을 하나씩 꺼내어 침대에 펼쳐둔 여행 가방에 넣고 있었다. "왜 계약을 하지 않는 거지?" 아버지가 아들을 도와주러 다가오며 말했다. "벌써 2주나 지났는데! 2주나 기다렸건만 아무런 수확도 없다니!" 그는 레오의 속옷을 낚아채더니 얼굴을 찡그리며 가방에 떨어뜨렸다. "빨기는 한 거냐?"

레오는 한숨을 내쉬며 고개를 끄덕였다.

아버지는 거의 매일 가지올리와 밍구엘라와 연락을 했다. 그들은 매일같이 내일 기술 감독 렉사흐가 호주 올림픽에서 돌아와 레오의 플레이를 봐줄 것이라고 약속했다. 호르헤는 아들이 FC 바르셀로나 유소년팀 입단 테스트를 통과해 계약을 하게 될 것이라고 믿어 의심치 않았다. 그런데 몇날며칠이 지나도 렉사흐는 오지 않았고 호르헤의 인내심은 바닥나버렸다. 아무런 성과도 없이 집에 돌아가야만 하는 상황이었다.

아버지가 초조해하면 레오도 초조해졌다. 아버지와 아들의 감정은 서로 영향을 끼칠 수밖에 없었다. 레오는 초조해하는 아버지를 볼 때마다 슬펐고 기분이 나아지지 않으면 어쩌나 걱정도 되었다. 레오에게는 오로지 축구를 하는 것만이 중요했다. 바르셀로나에서 축구를 할 수 없다면 고향으로 돌아가서 하면 될 터였다. 레오의 짐까지 다 꾸린 후 아버지는 전화기를 들었다. 전화를 받은 가지올리에게 로사리오로 돌아갈 것이고 짐도 다 챙겼다고 말했다.

가지올리는 간절하게 부탁했다. "이렇게 부탁합니다, 메시 씨! 하루만 더 있어주세요. 내일 몇 살 위 선수들하고 경기가 예정되어 있어요. 렉사흐 씨가 올림픽 경기에서 돌아와서 레오의 플레이를 보겠다고 약속했습니다. 어쩌시겠습니까? 하루 더 계시겠습니까?"

호르헤는 전화기를 가슴에 대고 여행 가방을 깔고 앉아 닫고 있는 아들을 쳐다보았다. 레오가 아버지에게 간절한 눈빛을 보냈다. 호르헤는 한숨을 내쉬고 말했다. "좋습니다, 가지올리 씨. 하루만 더 있도록 하죠."

레오는 그 어느 때보다 환한 미소를 지어보였다. 전화를 끊자 레오가 아버지에게 달려와 안겼다. "고마워요, 아빠." 레오가 아버지의 가슴에 얼굴을 부비며 말했다.

"나한테 고마워할 것 없다. 너한테 온 좋은 기회를 내가 정말로 그냥 날려버릴 것 같으냐? 때로는 강하게 나가야 할 때도 있는 법이지."

레오는 아버지를 더욱 세게 껴안았다.

레오는 활짝 웃었다. 벌써 2주나 기다렸는데도 하루가 너무도 길게만 느껴졌다.

다음 날 아침, 레오는 캄프 누까지 곧장 달려갔다. 레오는 '드디어 오늘이야.'라고 생각했다. 오늘 바르셀로나 관계자들이 지켜보는 가운데 유소년 팀과 함께 축구를 할 것이다. 오늘 시범 경기에서 반드시 최고의 실력을 발휘해야만 했다. 누가 보고 있을지 모른다. 아버지는 사비노 아라나 거리의 풍경을 감상하면서 FC 바르셀로나까지 온 사실을 자랑스러워하며 느긋하게 걸었다. 3팀 소속 14세 선수들과의 경기는 캄프 누와 인접한 작은 경기장에서 오후 1시 정각에 열릴 예정이었다.

레오가 라커룸 근처에 이르렀을 때 벌써 선수들이 탁 트인 잔디밭에 줄지어 서 있었다. 코치가 레오를 보자마자 소리쳐 불렀다. "레오! 여기다!"

레오는 쏜살같이 달려가서 줄에 합류했다. 지난번에 라 마시아 정문에서 레오를 겁주었던 소년들, 안드레스 이니에스타Andres Iniesta와 피케, 세스크 파브레가스Cesc Fabregas도 이미 줄에 서 있었다.

"새로운 포워드를 소개한다. 리오넬 메시다!" 코치가 레오의 어깨에 팔을 두르며 말했다. 팀 전체가 박수로 맞아주었다.

레오는 얼떨떨한 기분이었다.

"라 마시아에는 자격 있는 사람만 들어올 수 있어!" 피케는 이렇게 말하고 나머지 두 소년과 함께 낄낄거렸다.

레오는 창피했지만 소년들이 등을 철썩 치자 고개를 끄덕였다. 코치가 바쁘게 움직이며 소년들에게 얼른 준비하라고 소리쳤다.

"넌 포워드다, 레오." 코치가 급하게 지나가면서 말했다.

몇 분 후 레오는 기쁜 마음으로 필드로 나가 포워드 포지션에 섰다.

왼쪽을 보니 세스크가 환한 웃음과 함께 윙크를 날렸다. 뒤를 보니 안드레스가 왼쪽 미드필드를, 피케가 안드레스 바로 뒤에서 미드필드 중앙을 맡았다.

레오는 피케와 안드레스, 세스크에 둘러싸여 잔디밭에 서 있는 그 짧은 시간 동안 무엇이든 할 수 있을 것 같은 생각이 들었다. 드디어 기다림이 끝났다.

경기가 시작되었다.

상대는 유소년 팀의 14세 이하 선수들이었는데 꽤 강했다. 레오는 첫 패스 때부터 컨디션이 무척 좋았다. 자신의 플레이를 보여주는 순간 소년들이 자신을 신뢰할 것이라고 생각했다. 언제나 그랬다. 신뢰를 얻으면 동료들이 패스를 해줄 것이고 그러면 항상 그렇듯이 골 도움을 주거나 볼을 가지고 달려가 멋진 슛으로 마무리하면 되었다. 레오는 모든 것이 생각대로 착착 맞춰지리라는 것을 알았다. 그의 인생에서 가장 중요한 경기였다. 하지만 차분하고 느긋했다. 어디에 있든 경기장으로 나가는 순간 그곳이 그의 세상이고 집이었다.

TV에서 바르샤의 경기를 자주 보았던 레오는 바르샤의 티카타카Tika-Taka 훈련에 대해 알고 있었다. 로사리오에서부터 혼자 연습하곤 했었다. 짧게 패스하고 받고 패스하고 움직인다.

역시 동료가 공을 패스했다. 레오는 안드레스가 패스한 공을 잡고 왼발에서 떼지 않은 채로 골문을 향해 달렸다. 시간이 멈춘 듯했다. 수비수들은 그를 따라잡을 수가 없었다. 상대는 U14 바르샤 선수들이고 2살이나 많은 데다 키도 30센티미터나 컸지만 상관없었다. 레오는 번개가 번쩍 하듯 슛을 날렸다. 높이 날아오른 공이 네트를 때렸다.

레오가 바르샤에서 처음 넣은 골이었다.

관중석에 있던 사람들이 전부 일어나 열렬하게 환호했다. 우뢰와 같은 응원 소리는 레오의 가슴을 벅차게 만들었고 강한 투지를 선사했다. 레오는 손을 번쩍 치켜들어 하늘에 계신 외할머니에게 골을 바쳤다.

FC 바르셀로나의 기술 감독 카를레스 렉사흐는 늦게 도착했다. 아직 호주 출장의 피로가 다 가시지 않은 상태였다. 언제나 그렇듯 뒷문을 통해 3팀으로 들어간 그는 자신의 자리로 가려고 필드 가장자리를 지났다. 그 때 필드에서 레오가 눈에 띄었다. 눈에 띄는 것도 당연했다. 가장 키가 작은 선수였으니까. 저 아이가 공을 가지고 뭘 하는 거지? 레오는 공을 이쪽에서 저쪽으로 옮기는 동작으로 상대 선수를 속였다. 갑자기 멈추더니 무게 중심을 바꿔 180도로 완전히 돌았다. 그리고 아무런 망설임 없이 공을 앞으로 밀고 나갔다. 동작에 전혀 흐트러짐이 없었다. 방향 전환이 완벽했다. 저렇게 어리고 작은 선수가 어떻게 저런 테크닉을 생각해낼 수 있는 거지? 렉사흐는 놀라워하며 오로지 레오에게만 시선을 집중했다.

밍구엘라는 렉사흐가 필드 가장자리에 멈춰 지켜보는 모습을 발견했다. 그는 난간을 넘어 렉사흐에게 달려가 인사했다.

"네, 여기가 감독님 자리 맞습니다." 밍구엘라가 손을 흔들며 말했다.

렉사흐가 빙그레 웃었다. 밍구엘라는 그를 너무도 잘 알았다. "저 선수가 그 선수인가?"

"네, 리오넬 메시입니다. 감독님이 한 번 봐주기로 하셨던 그 선수입니다." 밍구엘라가 자랑스럽게 말했다.

"고맙네!" 렉사흐는 여전히 레오에게 한시도 눈을 떼지 못했다.

15분 후, 레오가 2골을 더 넣자 렉사흐는 관중들과 함께 환호성을 질렀다. 그는 흥분한 표정으로 밍구엘라를 쳐다보며 말했다. "저 선수하고 계약을 해야겠어."

"저도 그렇게 생각합니다." 밍구엘라가 기쁨을 감추며 대답했다.

"저 선수는 뭔가 달라." 렉사흐가 말했다. 그는 레오를 보고 아르헨티나 출신의 또 다른 천재를 떠올렸다. 1983년에 바르샤가 코파 델 레이와 스페인 슈퍼컵 우승으로 더블을 달성하도록 이끈 일등공신, 디에고 마라도나였다.

"저 소년의 아버지가 2주일이나 기다리게 했다고 무척 화가 난 상태입니다. 가지올리가 겨우 설득해서 가지 못하게 했습니다. 짐까지 다 싸놓고 정말 돌아가려고 했거든요."

렉사흐는 밍구엘라를 보며 고개를 끄덕였다. 저 소년은 천재가 분명했다. 절대로 놓쳐서는 안 되었다. 놓친다면 후회할 게 뻔했다. "이보게, 친구. 호세." 렉사흐가 밍구엘라의 어깨에 팔을 두

르며 말했다. "리오넬 메시는 내가 올 때까지 15일을 기다렸으니 나는 단 하루 만에 결정을 하겠네."

"고맙습니다." 밍구엘라가 기뻐하며 대답했다.

렉사흐는 몇 살이나 많은 선수들을 상대로 경기를 좌지우지하는 레오의 모습을 경이롭다는 듯이 쳐다보았다.

"저 아이의 아버지하고 이야기를 나눠보세."

CHAPTER 16

냅킨 계약서

레오는 아버지와 함께 바르셀로나 공항 터미널 한가운데에 서서 엄마와 마리아 솔이 비행기에서 내리는 모습을 보았다. 레오는 엄마에게 달려가 꼭 안았다. 엄마는 너무도 반가워하는 아들을 보고 눈물을 흘렸다. 레오는 엄마가 몸을 들썩거리며 울자 더욱 세게 껴안았다. 레오의 얼굴에도 눈물이 흘렀지만 상관없었다. 외할머니가 돌아가신 후로 레오는 더 이상 우는 모습을 감추려고 하지 않았다. 아버지도 와서 껴안았다. 엄마는 가방에서 손수건을 꺼내 눈물을 닦는 레오에게도 건넸다. 이때 갑자기 레오가 웃음을 터뜨렸다. 그동안 너무도 보고 싶었던 엄마가 드디어 왔다. 벌써 한 달의 시간이 지났다.

미타아스와 로드리고도 뒤이어 나왔다. 그들은 동생을 보자마자 고꾸라질 뻔할 정도로 세게 쳤다. "다시 뭉친 3총사!" 마티아스가 소리치며 레오의 머리를 마구 헝클었다. 아버지가 다가와 레오를 한가운데에 두고 메시 가족 모두를 껴안았다. 바르셀로나 공항 한가운데에서. 그들은 다 함께 공항 밖으로 나갔다. "계약한 거예요?" 걸어가면서 셀리아가 남편에게 물었다.

"그런 건 아니야." 호르헤가 망설이며 답했다. FC 바르셀로나가 그동안 모든 비용을 부담해주고는 있지만 아직 정식으로 계약서를 쓴 것은 아니었다.

"그런 건 아니라니요?" 셀리아가 남편을 홱 돌아보았다.

"곧 쓸 거랬어." 호르헤가 아내를 위해 문을 열어주며 말했다.

셀리아는 남편을 바라보았다. 남편이 아들을 위해 최선을 다하고 있다는 사실을 그녀도 알고 있었다. 여기까지 오는 동안 벌써 몇 번이나 거절을 당했다. 더 이상 나아갈 길이 없을 텐데 이번에도 뉴웰스나 리베르 플라테처럼 막판에 거절당하면 어쩌나 불안했다. 하지만 그녀는 남편을 나무라지 않고 뺨에 입맞춤을 하면서 잘하고 있다고 말해주었다. 밖에는 호텔로 데려다줄 차가 대기하고 있었다. 호르헤는 기다란 타운카에 올라타 아내의 어깨에 팔을 둘렀다. 오랜 여행으로 피곤했지만 셀리아는 온 가족이 모여서 기뻤다. "렉사흐 감독 말로는 금방 될 거래." 호르헤가 아내의 귀에 대고 말했다.

"벌써 두 달이에요!" 바르셀로나 시내가 내려다보이는 창가에 서 있던 셀리아가 홱 뒤돌아서며 외쳤다. 그들이 로사리오에서 비행기를 타고 온 지 거의 두 달이 지났다. 하지만 아직도 계약이 이루어지지 않았다. 그녀는 강경하게 입장을 밝혀야겠다고 생각했다. "바르셀로나도 뉴웰스나 리베르 플라테하고 다를 바 없는 것 같아요. 레오는 호르몬 주사를 맞아야 해요. 가진 돈도 거의 바닥났어요. 모든 위험을 무릅쓰고 여기까지 왔는데 이 호텔방에 갇혀서 지내야 한다니. 빨랫감만 쌓이고. 바르셀로나가 레오와 계약을 하지 않을 거라면 우린 집으로 돌아가야 해요."

마티아스와 로드리고는 침실에서 TV를 보고 있었지만 레오는 닫힌 문에 귀를 바짝 대고 부모님의 대화를 엿듣고 있었다.

"알았어. 렉사흐 감독에게 전화해볼게."

FC 바르셀로나의 이사실은 화려했다. 기다란 앤틱 테이블이 대부분을 차지했다. 전체가 유리로 된 한쪽 벽으로 캄프 누 경기장이 한눈에 내려다보였다. 카를레스 렉사흐가 들어왔을 때는 매니저들과 스카우트, 에이전트, 임원들이 전부 자리해 있었다. 물론 FC 바르셀로나의 회장 후안 가스파르트도 있었다.

"다시 말해 보게, 카를레스." 가스파르트 회장이 물었다. "아르헨티나 로사리오 출신의 13세 선수를 우리 클럽에 입단시켜야 하는 이유가 뭔가??"

"최고의 선수를 찾으라고 하셨으니까요." 렉사흐가 웃으면서 자리에 앉았다. 자리에 앉아있던 사람들이 전부 웃었다. "지금까지 만나본 선수 중에 가장 뛰어난 실력을 갖추었고 우리 클럽 최고의 투자 대상이 될지도 모르는데 이 선수를 놓쳤다가는 제 경력에 흠집이 나지 않을까요?"

가스파르트 회장은 렉사흐와 밍구엘라를 보며 웃었다. "최고의 선수와 최고의 투자야말로 내가 원하는 거지."

"이 선수는 정말 특별합니다." 스카우터 호라시오 가지올리가 끼어들었다. "스페인 바깥에서 선수들을 찾아보라고 하셨죠. 그래서 최고의 선수를 찾았습니다."

가스파르트 회장의 시선이 다른 관계자에게로 향했다.

"하지만 너무 어렵습니다." 매니저 한 명이 말했다.

"그리고 키가 너무 작아요." 또 다른 매니저도 말했다.

"그래서 더 굉장한 선수죠." 밍구엘라가 답했다.

"제가 바르샤에 입단한 것도 12살 때였습니다." 렉사흐가 밍구엘라를 응시하며 말했다.

오랜 침묵이 이어졌다.

"우리 유소년 팀은 지금 상황이 별로 좋지 않네. 그걸 알아야 해. 카를레스." 가스파르트 회장이 말했다.

"클럽의 미래에 투자하는 게 우리의 임무입니다. 가지올리에게 대형 프로젝트를 맡긴 이유도 바로 그거 아닙니까?" 렉사흐가 말했다.

"메시야말로 우리 클럽에 꼭 필요한 선수입니다." 가지올리가 말했다.

렉사흐는 자리에서 일어나 가스파르트 회장 자리로 걸어가더니 앞에 섰다. "회장님. 저도 원래는 18살짜리 선수를 찾아보라고 요청했습니다. 가지올리가 13살짜리를 데려왔을 때는 화가 났죠. 그러다 그 선수의 플레이를 보게 됐습니다." 렉사흐가 놀랍다는 듯이 고개를 흔들었다. "그 선수는 다릅니다. 우리가 위

대한 선수로 만들 수 있어요!"

가스파르트 회장의 답이 나오기까지는 한참이 걸렸다. 그리고 마침내 그가 말했다. "자네 말이 반드시 맞아야 할 걸세. 카를레스. 우리로서는 큰 모험이니까."

"네. 하지만 그 선수의 가족도 큰 위험을 무릅쓰고 여기까지 온 겁니다. 계약을 허락해주세요." 렉사흐는 이렇게 말하고 자신의 자리로 돌아갔다.

렉사흐가 자리에 앉자 가스파르트 회장은 미소 지으며 고개를 끄덕였다.

"허락해주겠네. 계약서를 준비시키겠네. 시간이 좀 걸릴 거야."

렉사흐가 자리에서 일어났다. "죄송하지만, 시간이 없습니다."

그의 표정을 살펴본 가스파르트 회장은 그가 진심이라는 것을 알 수 있었다. 하지만 엄연히 거쳐야 할 절차가 있는 법이었다. 로사리오에서 온 소년이라고 예외가 될 수는 없었다.

렉사흐는 엘리베이터를 타고 내려가 밖으로 나갔다. 그는 무엇을 해야 할지 알았다. 가까운 공중전화기로 걸어가 호르헤 메시에게 전화를 걸어 그와 레오를 점심 식사에 초대했다. 시내에는 이미 온통 크리스마스 장식이 되어 있어 폼페이아 테니스 클럽으로 걸어가는 내내 기분이 좋았다. 메시 가족에게도 즐거운 크리스마스가 될 터였다.

렉사흐가 약속 장소에 도착해보니 호르헤와 레오는 이미 테이블에 앉아 있었다. 그곳 레스토랑에 있는 사람들이 전부 다 그를 알았기에 렉사흐는 친구와 지인들에게 일일이 인사하며 호르헤와 레오가 있는 자리로 갔다. 그들은 라임에이드와 쿠키를 먹고 있었다. 레스토랑 안은 따뜻했지만 이미 12월 14일이었다.

렉사흐가 자리에 앉자마자 호르헤가 다급하게 물었다. "계약서 가져오셨나요?"

렉사흐가 곤란한 듯이 대답했다. "아직요. 시간이 좀 더 필요합니다. 걱정하지 않으셔도 됩니다. 계약 허가는 떨어졌습니다. 하지만 규모가 큰 클럽이다 보니 일처리에 시간이 좀 걸립니다."

호르헤는 폭발하기 일보직전이었다. "이보세요, 레오는 치료비를 꼭 지원받아야 하는데 댁들만 기다리다 가진 돈도 거의 떨어진 상태입니다. 우리 가족이 모든 걸 무릅쓰고 여기까지 왔다는 걸 알아주셨으면 합니다. 더 이상은 못 기다려요. 계약이 안 된다면 우린 집으로 돌아갈 겁니다." 호르헤의 입장은 분명하고 단호했다. 렉사흐는 그래서 더 마음에 들었다. 그는 어떻게 해야 하는지 알고 있었다.

"저도 같은 생각입니다, 메시 씨. 레오가 잘되기만을 바라시듯 저희도 마찬가지입니다." 렉사흐는 양복 코트를 뒤져 펜을 꺼냈다. 또 뭔가를 찾으려다가 찾지 못하자 자리에서 일어났다. "잠시 실례합니다." 그는 바 쪽으로 걸어가더니 냅킨 몇 장을 들고 서둘러 돌아왔다. 테이블에 냅킨 한 장을 펼쳐놓고는 뭐라고 적기 시작했다. "계약 조건에 만족하실 겁니다. 레오는 라 마시아에서 모든 비용을 지원받으며 생활할 겁니다. 치료비 전액도 클럽이 지원하고 아버님께는 클럽 내에 일자리를 알아봐드릴 겁니다. 물론 스페인으로 오셔야 하고 레오가 시민권을 얻어야 한다는 점에 동의하셔야 하고요. 레리다에 친척이 있으니 그리 어렵지 않을 겁니다." 렉사흐는 냅킨에 다 적은 후 호르헤를 쳐다보았다.

"냅킨에 쓴 계약서라니!" 호르헤는 놀랐다.

레오는 어른들이 하는 말을 다 이해하지는 못했지만 웃음을 터뜨렸다.

렉사흐도 웃었다. "평소 종이를 가지고 다니는데 오늘은 너무

서둘러 나왔나 봅니다." 그는 글씨가 적힌 냅킨을 접어 호르헤에게 건넸다.

"빠진 내용이 있으면 말해주세요."

호르헤는 즉석에서 작성된 냅킨 계약서를 얼른 읽어보았다. 이따금 레오를 보며 미소를 지었다. 그들이 원하는 것 이상으로 좋은 조건이었다. 계약서를 다 읽은 호르헤는 무척 흡족해하면서 렉사흐에게 미소 지었다. 그는 냅킨을 들고 고개를 끄덕였다. "계약하겠습니다."

렉사흐는 안도의 한숨을 내쉬었다. 아르헨티나의 뉴웰스 올드 보이스와 리베르 플라테를 비롯해 이 천재 소년을 눈앞에서 놓친 것을 후회할 사람들이 있을 것이다.

점심 식사가 끝난 후 호르헤와 레오에게 감사의 말을 전하며 가능한 한 빨리 정식 계약서를 준비하겠다고 약속했다. 렉사흐는 밍구엘라와 가지올리에게 냅킨 계약서를 보여주자 두 사람은 배꼽이 빠지게 웃었다.

"냅킨이라고요!?" 밍구엘라의 소리가 어찌나 컸던지 냅킨을 갖다달라는 말인 줄 알고 비서가 달려왔다. "여기 있습니다, 이사님!" 비서가 한 움큼 들고 온 냅킨을 밍구엘라에게 내밀었다.

밍구엘라와 가지올리, 렉사흐 세 사람은 모두 웃음을 터뜨렸다. 세 사람의 즐거운 웃음소리가 FC 바르셀로나의 복도까지 울려 퍼졌다.

CHAPTER 17

반가워, 삼총사

라 마시아의 커다란 문 앞에 다시 선 레오는 잔뜩 긴장한 채로 문을 두드렸다. 이번에는 문이 그를 위해서 열렸다. 세스크와 피케, 안드레스가 전부 기다리고 있었다. "새로운 집에 온 걸 환영한다, 레오." 세스크가 말했다.

레오는 싱긋 웃었다. 꿈이 이루어진 기분이었다.

잠시 후 레오는 어려서부터 꿈에 그리던 곳에 있었다. 세스크 일행이 레오에게 라 마시아의 구석구석을 안내해주었다. 모든 복도를 다 지나고 기숙사 방도 보고 주방에 잠시 머무르며 맛있는 음식 냄새도 맡았다. 마지막으로 들른 곳은 컴퓨터실이었다. 투어가 끝난 후 세스크와 피케, 안드레스는 레오를 다시 컴퓨터실로 데려갔다. "같은 축구 가족이 된 걸 환영한다." 세스크가 말했다.

레오의 얼굴이 환해졌다.

"우리 축구하자." 세스크가 말했다.

"지금?"

세스크가 웃음을 터뜨렸다. "FIFA 게임 하자고!"

"컴퓨터로!" 안드레스도 소리쳤다.

소년들은 다 함께 컴퓨터실로 갔다.

"난 바르샤 할 거야." 세스크가 말했다.

"난 올드 보이스 할래." 레오가 말했다.

"내가 너라면 아스날을 선택할 텐데. 훌륭한 팀이니까!" 세스크가 유쾌하게 말했다.

6주 후, 호르헤와 레오의 호텔방으로 정식 계약서가 배달되었다. 물론 배달해준 사람은 방금 자신이 배달한 것이 무엇인지 알지 못했을 것이다.

FC 바르셀로나의 계약서를 읽은 호르헤는 양쪽 모두에게 더할 나위 없이 좋은 계약이라고 생각했다. 이제 돈 걱정을 하지 않아도 되었다. 하지만 호르헤는 언제나 가족을 위한 결정을 내렸고 이번에도 예외는 아니었다.

"여보, 온 가족이 다 바르셀로나에 있을 필요는 없어요." 셀리아가 말했다. "이곳 생활은 당신하고 레오만으로도 충분해요. 로드리고와 마티아스, 마리아 솔은 집이 필요해요."

"친구들이 보고 싶어요, 아빠." 마티아스의 말에 로드리고도 고개를 끄덕였다.

"저도 로사리오가 그리워요, 엄마. 하지만 전 축구를 해야 돼요, 여기서 새 친구들도 사귀었고요." 레오가 엄마를 껴안으며 말했다.

호르헤도 아내를 껴안았다. "당신하고 떨어져서 어떻게 지낼지."

"매일 통화하면 되죠. 자랑스러운 아들이 되어주렴, 레오. 외할머니가 천국에서 널 보고 웃으실 수 있게 말이야." 엄마가 말했다.

호르헤와 셀리아, 마티아스, 로드리고는 또 다시 레오를 가운데에 두고 다 같이 포옹을 했다. 꿈이 이루어지려는 순간이었지만 레오는 왠지 겁이 났다.

레오는 가족과의 포옹을 풀고 바르셀로나 시내가 내려다보이는 커다란 창문 밖을 내려다보았다.

"아빠, 만약 제가 '피베'가 아니면 어쩌죠?"

"그렇다면 넌 지금 여기에 있지도 않았을 거다." 아버지가 말했다.

"인생과 축구의 다섯 가지 신조를 말해봐, 레오." 마티아스가 말했다.

레오가 다섯 가지를 줄줄 읊었다. 아버지가 어릴 때부터 아이들에게 가르쳐준 것들이었다. "용기, 진정성, 끈기, 자제력, 불굴의 정신."

아버지가 미소를 지었다. "넌 그 자체야, 레오. 그 다섯 가지를 전부 가지고 있어. 네가 축구공을 처음 만졌을 때부터 함께 해온 것들이다. 너는 이기기 위해 태어났다, 아들아. 확실해. 너는 피베야."

레오는 활짝 웃으며 아버지를 꼭 껴안았다. 그리고 창문 밖으로 보이는 바르셀로나를 다시 한 번 쳐다보았다. 이제 이곳은 그의 도시이자 그의 동네, 그의 집이 될 것이다. 이제는 FC 바르셀로나와 세상에 자신의 가치를 증명하는 일만 남았다.

공항 스피커에서 부에노스아이레스행 비행기 7767편의 탑승을 알리는 소리가 들려왔다. 레오는 엄마와 여동생, 형들에게 작별의 입맞춤을 하고는 비행기에 오르는 모습을 지켜보았다. 마티아스는 비행기의 문에 다다른 순간 마치 검을 든 것처럼 한 손을 들어 올렸다. 로드리고도 따라 했다. 레오는 두 사람이 검의 끝부분을 맞댄 모습이 보이는 것만 같았다. 레오도 형들을 향해 상상의 검을 들어 올렸다. "하나를 위한 모두!" 마티아스와 로드리고가 레오에게 소리쳤다.

"모두를 위한 하나!" 레오도 형들을 향해 외쳤다.

마티아스가 로드리고의 어깨에 팔을 두르고 함께 웃더니 뒤돌아 비행기 안으로 사라졌다.

레오는 상상의 검을 천천히 옆으로 내렸다. 아버지가 레오의 어깨를 잡고 차가 기다리는 밖으로 갔다. "아들아, 첫 해에 바르샤에서 몇 골이나 넣을 계획이지?"

레오는 웃으며 대답했다. "잔뜩 넣을 거예요, 아빠." 공항 밖으로 나가자 운전기사 옥타비오가 달려 나와 뒷문을 열어주었다. 아버지의 뒤를 이어 차에 타려는 레오에게 옥타비오가 말했다. "나는 아르헨티나인이자 카탈루냐인이란다. 네가 '피베'라고 하더구나."

레오는 미소를 지었다. "아빠, 옥타비오 아저씨 옆자리에 타도 돼요? 아르헨티나 이야기를 듣고 싶어요." 레오는 뒷문을 닫고 옥타비오에게 말했다. "아저씨만 괜찮다면 말이에요."

"물론이지!" 옥타비오가 말했다.

레오는 웃으며 얼른 조수석에 탔다. "친구들은 저를 벼룩이라고 불러요." 레오의 말에 옥타비오는 환하게 웃으며 문을 닫았다. 레오는 조수석에 편안하게 앉았다. 그들은 레오의 스페인 시민권 서류를 가지러 갔다가 호텔로 돌아갈 예정이었다. 첫 경기 전에 할 일이 많았다. 벌써 2001년 3월이었다.

CHAPTER 18

사랑하는 내 고향, 로사리오

아침부터 햇살이 따가운 로사리오에서 셀리아는 막내 마리아 솔의 손을 잡고 밖으로 나갔다. 막내의 고사리 같은 손이 자꾸만 빠져 나갔다. 마티아스와 로드리고는 계속 앞장섰다. 마리아 솔에게 어린 아이들의 축구 경기를 보여주려고 동네 축구장으로 향하는 길이었다. 아이들이 환호하고 소리치고 웃는 소리가 울려 퍼졌다. 셀리아는 멀찌감치 떨어진 곳에서도 구분할 수 있는 레오의 웃음소리를 떠올렸다. 축구장에 다다르니 바르샤 유니폼을 입은 아이들도 눈에 띄었다.

경기가 진행되자 마티아스와 로드리고도 엄마와 여동생이 있는 울타리 쪽으로 왔다. 셀리아는 어머니가 옆에 있는 것을 느꼈다. 그녀는 필드를 보며 레오의 모습을 떠올렸다. 가장 작은 체구로 골대를 향해 전력질주하고 왼쪽 수비수를 속이고 오른쪽으로 빠져 골키퍼의 머리 위로 높이 슛을 날려 성공시키던 모습을!

손목시계를 확인한 셀리아의 눈이 휘둥그레졌다. "이러다 늦겠다!" 셀리아가 아이들에게 소리쳤다. "곧 경기 시작할 시간이야. 믿어지니? 우리 레오가 바르샤 1군 경기에서 처음 뛰는 날이야!" 셀리아는 레오의 경기를 보기 위해 아이들과 함께 서둘러 집으로 향했다.

CHAPTER 19

꿈은 이루어진다

레오가 바르샤의 라커룸으로 들어가 보니 다른 선수들은 이미 유니폼을 갈아입고 있었다. 레오는 차분하게 자신의 라커로 다가갔다. 선배 선수들 명단 위에 그의 이름이 적혀 있었다. 라커를 열고 유니폼으로 갈아입었다. 때는 2005년 5월 1일이었다. 레오는 지난 두 경기에서 페널티킥을 따내고 확실한 슈팅 찬스를 만들어내 프랑크 레이카르트 Franklin Rijkaard 감독에게 자신의 가치를 증명해보였다. 이제 1군에 올라와 치르는 세 번째 경기를 앞두고 있었다. 상대는 알바세테 Albacete 였다. 아직 17살인 레오는 팀에서 가장 어렸다.

주황색과 검정색으로 된 유니폼이 휙 지나가면서 레오의 등을 두드렸다. 레오가 깜짝 놀라 고개를 들어보니 친구 안드레스 이니에스타였다.

"실력 발휘할 시간이다, 레오!" 안드레스가 말했다.

레오는 고개를 끄덕이고 자리에서 일어나 친구이자 동료인 피케, 안드레스, 호나우지뉴^{Ronaldinho}를 따라 북적거리는 라커룸을 빠져나갔다.

캄프 누의 기다란 터널에는 현재 FC 바르셀로나에서 뛰는 선수들의 커다란 사진이 붙어있다. 레오는 동료들에 둘러싸인 채 저 앞으로 보이는 빛을 향해 자랑스럽게 걸어갔다. 터널을 나와 경기장으로 들어가는 순간 귀가 멍해질 정도로 엄청난 관중의 함성이 울려 퍼졌다. 레오는 심장이 빠르게 뛰었다. 바르샤 팬들이 경기장을 가득 메웠다. 이번에 레오는 당당히 사이드라인을 지나 선발 선수들과 함께 중앙으로 나갔다. 자신의 이름이 불리는 것을 듣는 순간 등줄기에 소름이 돋았다. 평생 꿈꿔온 순간이었다.

44분 후, 안드레스가 스로인을 했고 되받아친 볼을 다시 받고는 수비수 몇 명을 손쉽게 헤치며 나아가 호나우지뉴에게 패스했다. 호나유지뉴가 레오를 향해서 수비수의 머리 위로 높이 공을 찼다. 레오는 공을 완벽하게 다루면서 차분하게 슛을 날렸다. 골키퍼 머리 위를 지나 골대 옆쪽으로 날아갔다. 행복한 그의 표정도 잠시, 호루라기 소리와 함께 부심이 깃발을 들었다. 오프사이드가 선언되었다. 골이 인정되지 않았다. 레오는 차분함을 잃지 않고 멋쩍은 듯 미소를 지었다. 1군에서의 첫 골은 아직 조금 더 기다려야 했다.

정확히 1분 후, 방금 전의 플레이를 재생하기라도 한 것처럼 또 다시 호나우지뉴가 수비수 위로 높게 공을 찼다. 레오가 차분하게 받아 또 다시 골키퍼의 머리 위로 곧장 슛을 날렸다.

골!!!

레오는 기뻐서 펄쩍 뛰며 호나우지뉴에게 달려가 등에 업혔다. 호나우지뉴가 필드를 달리고 레오는 양손을 높이 들어 올렸다. 관중의 함성이 울려 퍼졌다. 레오는 호나우지뉴의 등에서 내려와 하늘을 향해 손가락을 들어 올리며 외할머니에게 골을 바쳤다. 지금 이 자리에 와있도록 해준 외할머니에게.

사이드라인에서는 프랑크 레이카르트 감독이 코치 페레 그라타코스Pere Gratacos를 껴안았다. 정중앙의 관중석에서는 호르헤 메시가 벌떡 일어나 큰소리로 환호하며 모르는 옆사람에게 입맞춤까지 했다!

코치석 뒷줄에 있던 호세 마리아 밍구엘라도 벌떡 일어나 레오가 방금 선보인 기적을 바라보았다. 사이드라인에서는 렉사흐가 로사리오에서 온 소년을 자랑스러워하며 가슴을 쫙 폈다.

한편 로사리오와 아르헨티나 전역에서는 팬들과 가족들, 아파 감독과 그리파 씨, 가브리엘 디게로라모, 에르네스토 베키오, 카를로스 모랄레스, 슈와르츠슈타인 박사, 트럭 운전사들, 화물선 선장들, 채소 장사꾼과 학생들 할 것 없이 모두가 동시에 TV 앞에서 벌떡 일어나 환호성을 질렀다. 아르헨티나의 리오넬 메시, 로사리오의 피베가 바르샤를 위해 첫 골을 넣은 순간이었다!

리오넬 메시 수상 경력 _2016년 6월 기준

바르셀로나
- 스페인 프리메라리가: 우승(2004–2005, 2005–2006, 2008–2009, 2009–2010, 2010–2011, 2012–2013, 2014–2015)
- 코파 델 레이: 2008–2009, 2011–2012, 2014–2015
- 수페르코파 데 에스파냐: 2005–2006, 2006–2007, 2009–2010, 2010–2011, 2011–2012, 2013–2014
- UEFA 챔피언스리그: 우승(2005–2006, 2008–2009, 2010–2011, 2014–2015)
- UEFA 슈퍼컵: 2009–2010, 2011–2012, 2015–2016
- FIFA 클럽 월드컵: 2009–2010, 2011–2012

아르헨티나
- FIFA 세계 청소년 축구 선수권 대회: 우승(2005)
- 올림픽 금메달: 2008
- 코파 아메리카: 준우승(2007, 2015)
- FIFA U–20 월드컵: 2005
- FIFA 월드컵: 준우승(2014)

개인
- FIFA 발롱도르: 1위(2010, 2011, 2012, 2015), 2위(2013, 2014)
- 발롱도르(2010년부터 FIFA 발롱도르로 통합): 1위(2009), 2위(2008), 3위(2007)
- FIFA 올해의 선수(2010년부터 FIFA 발롱도르로 통합): 1위(2009), 2위(2007, 2008)
- UEFA 챔피언스리그 득점왕: 2009, 2010, 2011, 2012, 2015
- 월드사커 올해의 선수: 2009, 2011, 2012, 2015
- 온즈도르: 2009, 2011, 2012
- 유러피언 골든슈: 2009–2010, 2011–2012, 2012–2013
- UEFA 유럽 최우수 선수: 2010–2011, 2014–2015
- UEFA 올해의 클럽 축구 선수(2010년을 끝으로 UEFA 유럽 최우수 선수로 대신함): 2008–2009
- FIFA 클럽 월드컵 최우수 선수: 2009, 2011
- 2011 UEFA 챔피언스리스 결승: 최우수 선수(맨 오브 더 매치)
- FIFA U–20 월드컵 골든볼: 2005

- FIFA U-20 월드컵 골든슈: 2005
- 프리메라리가 최우수 선수: 2008-2009, 2009-2010, 2010-2011, 2011-2012, 2012-2013, 2014-2015
- 프리메라리가 최우수 공격수: 2008-2009, 2009-2010, 2010-2011, 2011-2012, 2012-2013, 2014-2015
- 프레미오 돈 발론(라 리가 최우수 외국인 선수, 2010년을 끝으로 폐지): 2006-2007, 2008-2009, 2009-2010
- EFE상(라 리가 최우수 남미 선수): 2006-2007, 2008-2009, 2009-2010, 2010-2011, 2011-2012
- 프리메라리가 득점왕(피치치 수상): 2009-2010, 2011-2012, 2012-2013
- FIFPro 올해의 스페셜 영 플레이어: 2006, 2007, 2008
- U-21 올해의 유럽 축구선수상: 2007
- 월드사커 올해의 영 플레이어: 2006, 2007, 2008
- 브라보 어워드: 2007
- 골든 보이: 2005
- 마르카 레전드 어워드: 2009
- 디 스테파노 상: 2008-2009, 2009-2010, 2010-2011
- ESPY 어워드 국제 최우수 선수: 2012
- 엘 파이스 선정 유럽 축구왕: 2009, 2010, 2011, 2012
- IFFHS 선정 세계 골잡이 랭킹: 2011, 2012
- IFFHS 선정 1부 리그 골잡이 랭킹: 2012
- FIFA/FIFPro 월드 베스트 일레븐: 2007, 2008, 2009, 2010, 2011, 2012, 2013, 2014, 2015
- UEFA 올해의 팀: 2008, 2009, 2010, 2011, 2012, 2014, 2015
- ESM 올해의 팀: 2005-2006, 2007-2008, 2008-2009, 2009-2010, 2010-2011, 2011-2012, 2012-2013, 2014-2015
- 코파 아메리카 올해의 영 플레이어: 2007
- 코파 아메리카 도움왕: 2011, 2015
- 코파 델 레이 득점왕: 2010-2011, 2013-2014
- 아르헨티나 올해의 선수상: 2011
- 아르헨티나 올해의 축구 선수: 2005, 2007, 2008, 2009, 2010, 2011, 2012, 2013
- FIFA 월드컵 골든볼: 2014
- FIFA 월드컵 드림팀: 2014
- FIFA 클럽 월드컵 최우수 선수: 2009, 2011
- 도요타 상: 2009
- FIFA 클럽 월드컵 득점왕: 2011

리오넬 메시 기록 _2016년 6월 기준

세계 기록
- FIFA 발롱도르 최다 수상: 5회
- 기네스북 세계 신기록 한해 최다 골: 91골(2012)
- 한 해 국제대회 최다 골: 25골(비비안 우드워드와 타이 기록)
- 최연소 발롱도르 2회, 3회, 4회, 5회 수상자: 각 만 23세, 24세, 25세, 28세
- FIFA 클럽 월드컵 골든볼 최다 수상: 2회(2009, 2011)
- FIFA 클럽 월드컵 통산 최다 득점: 5골
- FIFA 발롱도르 최다 포디움: 9회(2007~2015)
- FIFA/FIFPro 월드 베스트 일레븐 최다 선정: 9회(2007~2015)

유럽 기록
- 한 시즌 클럽 최다 득점: 73골(2011-2012)
- 연간 클럽 최다 득점: 79골
- UEFA 챔피언스리그 최다 득점왕: 5회
- UEFA 챔피언스리그 최다 해트트릭: 5회
- UEFA 챔피언스리그 한 경기 최다 득점: 5골
- UEFA 챔피언스리그 최다 득점: 77골
- UEFA 챔피언스리그 한 시즌 최다 해트트릭: 2회(2011-2012)
- UEFA 챔피언스리그 최연소 100경기 출전: 만 28세 84일(2015-2016)

아르헨티나 기록
- 아르헨티나 대표팀 한해 최다 득점: 12골
- FIFA 월드컵 최연소 출전 및 득점: 만 18세 357일(2016 FIFA 월드컵 독일 세르비아&몬테네그로 전)
- 통산 친선 경기 최다 득점: 27골
- U-20 대표팀 국가대항전 최다 득점: 11골(2004-2005)
- FIFA 월드컵 지역 예선 한 대회 최다 득점: 10골(2014 FIFA 월드컵 브라질 남미 지역 예선)
- FIFA 센추리 클럽 최연소 가입: 만 27세 361일(2015 코파 아메리카 자메이카 전)

스페인 기록
- 통산 최다 득점: 312골
- 통산 최다 도움: 128개
- 한 시즌 최다 득점: 50골(2011-2012)
- 한 시즌 최장 경기 연속 득점: 21경기 33골(2012-2013)
- 한 시즌 최장 원정 경기 연속 득점: 13경기 20골(2012-2013)
- 한 시즌 최다 해트트릭: 8회(2011-2012)
- 프리메라리가 최연소 200골: 만 25세
- 통산 엘 클라시코 최다 득점: 21골
- 통산 바르셀로나 더비 최다 득점: 12골
- 통산 수페르코파 데 에스파냐 최다 득점: 10골
- 한 시즌 최다 공격 포인트: 65포인트(2011-2012, 50골, 15도움)
- 한 시즌 전반기 전 경기 득점: 30골(2012-2013)
- 한 시즌 최다 득점률: 경기 당 1.44(2012-2013, 32경기 46골)
- 한 시즌 최다 경기 득점: 27경기(2012-2013)
- 한 시즌 홈 경기 최다 득점: 35골(2011-2012)
- 한 시즌 원정 경기 최다 득점: 24골(2012-2013)
- 한 시즌 최다 홈 득점 경기: 16경기(2011-2012)
- 한 시즌 최다 원정 득점 경기: 15경기(2012-2013)
- 한 시즌 최다 상대팀 득점: 19팀(2012-2013)

바르셀로나
- 통산 최다 득점: 453골
- 프리메라리가 최다 득점: 312골
- 국제 대회 최다 득점: 81골
- 통산 최다 해트트릭: 33회
- 프리메라리가 최다 해트트릭: 26회

세계 최고가 될 수밖에 없었던 스타 플레이어의 비하인드 스토리

크리스티아누 호날두: 승리를 부르는 자
마이클 파트 지음 | 정지현 옮김 | 148면 | 8,800원

『크리스티아누 호날두: 승리를 부르는 자』는 포르투갈 마데이라 섬에서 태어난 가난한 소년이 세계 최고의 축구 선수로 부상하기까지의 이야기를 보여준다. 오늘날의 호날두 선수가 있기까지의 이야기를 생생하고 감동적으로 그려냈다.

네이마르: 그라운드의 마법사
마이클 파트 지음 | 정지현 옮김 | 152면 | 8,800원

『네이마르: 그라운드의 마법사』는 브라질 무지다스크루제스 출신의 깡마른 소년 네이마르 주니어가 제2의 펠레로 성장하는 이야기를 보여주고 있다. 네이마르는 타고난 축구 실력과 멋진 미소로 브라질을 넘어 전 세계에 돌풍을 일으켰다. 네이마르가 아버지와의 사랑과 믿음을 통해 가난과 역경을 헤치고 세계적인 축구스타가 되기까지의 여정을 보여주는 가슴 따뜻한 이야기가 담겨있다.

Pictures credits

Reuters/Albert Gea
1. Corner kick with view of CN.
2. Messi with Ballon D'or trophies
3. Messi disappointed inside the net
4. Messi thinks - close up his hand at his face
5. Messi and Ronaldo

Reuters/Eddie Keogh
1. Victory lap shout- clos up

Reuters/Gustau Nacarino
1. Messi cross above Goal keeper in yellow jersey
2. Front picture – waiving hands with fingers up

Reuters/EloyAlonso
1. Messi with the ball glued to his feet

Reuters/MarcelodelPozo
1. Back picture - number on back waiving!

리오넬 메시: 천재의 놀라운 이야기

초판 1쇄 발행 2016년 7월 25일
초판 5쇄 발행 2025년 8월 1일

지은이 마이클 파트
옮긴이 정지현
펴낸이 김영조
편집 김시연, 진나경, 최희윤 | **디자인** 정지연 | **마케팅** 김민수, 강지현 | **제작** 김경묵
경영지원 정은진 | **외주 디자인** ALL design group
펴낸곳 싸이프레스 | **주소** 서울시 마포구 양화로7길 44, 3층
전화 (02)335-0385 | **팩스** (02)335-0397
이메일 cypressbook1@naver.com | **홈페이지** www.cypressbook.co.kr
블로그 blog.naver.com/cypressbook1 | **포스트** post.naver.com/cypressbook1
인스타그램 싸이프레스 @cypress_book1 | **싸이클** @cycle_book
출판등록 2009년 11월 3일 제2010-000105호

ISBN 978-89-97125-99-9 13600

- 이 책은 저작권법에 따라 보호를 받는 저작물이므로 무단 전재 및 복제를 금합니다.
- 책값은 뒤표지에 있습니다.
- 파본은 구입하신 곳에서 교환해 드립니다.
- 싸이프레스는 여러분의 소중한 원고를 기다립니다.